大夏书系·教师专业发展

为了大多数教师的课程实践
——陈大伟观课议课对话录

陈大伟 著

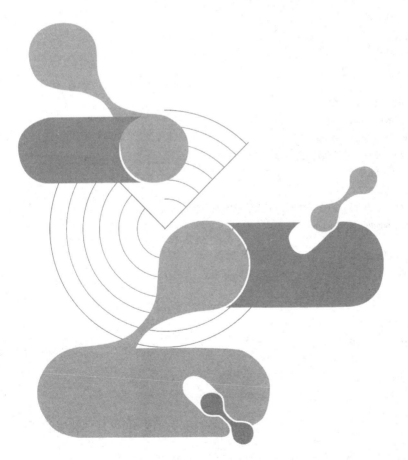

华东师范大学出版社
全国百佳图书出版单位

图书在版编目（CIP）数据

为了大多数教师的课程实践：陈大伟观课议课对话录/陈大伟著. —上海：华东师范大学出版社，2016
 ISBN 978－7－5675－5515－0

Ⅰ.①为… Ⅱ.①陈… Ⅲ.①课堂教学—教学研究—中小学 Ⅳ.①G632.421

中国版本图书馆CIP数据核字（2016）第161899号

大夏书系·教师专业发展

为了大多数教师的课程实践
——陈大伟观课议课对话录

著　　者	陈大伟
策划编辑	朱永通
审读编辑	张思扬
封面设计	戚开刚

出版发行	华东师范大学出版社
社　　址	上海市中山北路3663号　邮编　200062
网　　址	www.ecnupress.com.cn
电　　话	021－60821666　行政传真　021－62572105
客服电话	021－62865537
邮购电话	021－62869887
地　　址	上海市中山北路3663号华东师范大学校内先锋路口
网　　店	http://hdsdcbs.tmall.com
印 刷 者	北京密兴印刷有限公司
开　　本	700×1000　16开
插　　页	1
印　　张	13.5
字　　数	206千字
版　　次	2016年10月第一版
印　　次	2022年7月第三次
印　　数	8 101－11 100
书　　号	ISBN 978－7－5675－5515－0/G·9704
定　　价	35.00元

出版人	王　焰

（如发现本版图书有印订质量问题，请寄回本社市场部调换或电话021-62865537联系）

前 言

2015年继续宣讲和推动着观课议课,一喜一忧一愧疚。喜的是受众对观课议课给予了充分的肯定,并表达了继续学习和参与实践的极大的热情;忧的是从提出到现在,已经十年过去了,还有那么多教师(包括名优教师)对观课议课不了解,自己过去的努力还远远不够;愧疚的是,因为分身乏术,不得不谢绝很多讲观课议课的邀请。大致有这样几个原因,有了再出这本书的想法。

已经写过几本,这一本应该要有新的面貌和内容。定位在针对问题、解决实践中的问题,针对问题最好是一问一答,于是选择对话体、访谈体。我对访谈体似乎有一种喜好,又似乎相对擅长:说喜好是想追慕孔子与其弟子的对话,苏格拉底与其学生的对话;说相对擅长是因为观课议课本身就是一种对话,观课议课锻炼了自己的对话。还要报告的是,我2015年也赶了一下时髦,开始是用微信推出自己曾经刊出的文章,后来用微信公众号的平台。没有想到,对于过去的一些文章,微信朋友圈、QQ群的朋友还不吝表扬,比如广东省佛山市禅城区教育发展中心科研培训室主任李海燕在转发相关文字时就说:"陈大伟老师2008年的对话录,至今读来甚觉历久弥新。"看一次这样的表扬,就有一种再读相关文字的冲动,自己也越读越满意。(各位亲,这里是不是太自恋了?)而且知道,这里面很多文字很多人还没有读过,别人说重要的事说三遍，我想，观课议课的重要文章，没有读过的是不是也可以好好读一遍？对话、观课议课的重要文章，两者结合，就成了您现在看到的东西。

　　内容上大体分一分："理念探讨篇"主要涉及一些观课议课的认识问题，"为了大多数教师的课程实践"是对立场和使命的开宗明义；观课议课是教研变革，需要"变革教师培训的理念与方式"；观课议课具有鲜明的教师立场，目的是帮助大家"做幸福的教师"；后面是涉及理念、原则和方法的三篇关于观课议课的对话。"实践应答篇"大致从理解观课议课、准备观课议课、实施观课议课的操作过程和其他方面回答一线教师的问题，主要提供思路、方法和策略。"实践案例篇"提供了五个案例，有对我自己执教的《最后一头战象》的观课议课（我以为一线教师的课堂观察和研究，主要目的在于学会教学，在观课议课中我学会了中小学的教学，观课议课能帮助中小学教师学会教学，我骄傲），有对小学语文、小学数学、初中语文、初中数学课例的观察和讨论，我以为很值得大家玩味。

　　除了"实践应答篇"的部分内容尚未公开发表，其余的文章大多已在期刊和报纸上发表过（我想，这也可以证明本书内容的水平）。出于对相关朋友、相关期刊和报纸权利的尊重，在组编稿件时，我注明了相关来源，也尽量保持了原貌。当然也有修正和调整，修正的原因一是可能有了新的认识；二是不同对象访谈的文字可能出现某些内容的重复，为了尽可能避免重复，也需要作一些删节和调整。

　　在此要特别感谢参与访谈和对话的各位老师！感谢相关期刊、报纸的编辑！感谢提出讨论问题的各位老师！同时还要特别感谢您，感谢您对本书的赏识和批评！

　　亲，期待您的对话和问题哦！

写于 2016 年春节

目 录

理念探讨篇

- 003 为了大多数教师的课程实践
- 015 变革教师培训的理念与方式
- 029 如何做幸福的教师
- 045 为了教师的批判精神
  ——关于"观课议课文化"的对话
- 053 以人为本,有效优先
  ——关于观课议课和小学数学教学的对话
- 062 关于推进观课议课纵深发展的对话

实践应答篇

- 073 与听课评课的主要区别
- 076 观课议课的记录工具和记录方法
- 080 观课议课如何以学论教
- 084 怎样坐到学生身边
- 089 观课时如何发现和思考
- 094 观课议课的视角和指向
- 099 议什么?怎么议?
- 104 如何形成一种"同在共行"的关系
- 108 如何在观课议课中研究案例
- 114 如何用观课议课做教育科研

	119	怎样理解和追求观课议课的实效
	126	观课议课的后续行动是什么
	130	名优教师的课如何观察和讨论
	133	如何让教研献课走向常态
	137	如何理解和看待他人的批评
	139	学校如何推动观课议课

	145	《最后一头战象》课堂实录与讨论
实践案例篇	167	探寻一个敞亮的教学视界
		——记一次现场议课活动
	180	教研，有一种力量叫唤醒
	193	让观课议课具有研究性

痕迹在身后，风景在前方，我在路上（代后记）/ 201

为了大多数教师的课程实践
——陈大伟观课议课对话录

理 念 探 讨 篇

为了大多数教师的课程实践
变革教师培训的理念与方式
如何做幸福的教师
……

为了大多数教师的课程实践①

【按语】

陈大伟,教育专家转型的一个生动样本。

用观课议课取代听课评课的方式重建教研文化;深入学校,不仅为一线教师作报告,而且亲自给中小学学生上课;在教师面前,避免过分表现自己,努力成为教师自我反思的促进者和帮助者……成都大学师范学院副教授陈大伟行走方式的改变,契合了教育转型对教育理论研究者的新要求。

以陈大伟为代表的教育专家的转型,缓解了专家抱怨一线教师"专业素质亟待提升"、一线教师抱怨专家"站着说话不腰疼"的变革危险。

怎样看待教师课程实践的土壤,如何服务大多数一线教师的课程实践,学校课程应该给学生什么,教师如何提升自己的实践智慧,等等,本报以这些问题专访陈大伟,以期探寻教师转型的新力量与新方式。

从实践意义上重新定义课程

记　者: 陈老师,以前您的研究领域主要是教师专业发展和专业成长,写出了《校本研修面对面》《有效研修》《怎样观课议课》等有影响的著作。2007年您的研究转到了课程和教学,出版了专著《建设理想课堂——新课

---

① 2008年1月23日、1月30日、2月6日《教育时报·课改导刊》刊发,访谈记者王占伟,刊发标题为《陈大伟:为了多数教师的课程实践》。

程课堂教学的反思与改进》，并提出和论证了"学校的产品是课程""教学有效性的三个维度"等观点。您的这种转向是自觉的吗？您是否有了自己新的追求？

陈大伟：应该说在 2006 年就开始了这种自觉，《怎样观课议课》就不仅在关注教师专业成长，而且在关心课堂教学改进。必须承认，教师教育和课程改革、课堂教学是紧密联系在一起的，曾经有一个作教师培训的朋友希望我就他的工作方式和方向提点建议，我说："无论如何不能脱离课堂，不能不研究课程和教学。这是教师最需要的，也是所有教师最关注的。抓住了课堂就抓住了根本，抓住了课程和教学就抓住了教师。"就我本人而言，做教师教育工作也是以课堂教学为基础的，我的一位朋友说："陈大伟的武功在课堂上，离开课堂等于废去他的武功。"我认为这是对我最好的忠告，所以我不断争取机会到中小学课堂。

不过，你的观察很敏锐。在重心和精力上的确有了转向，以前我主要致力于建构实践意义上的教师教育哲学，过去一年则主要致力于建构自己的课程哲学。也可以这样说，过去主要在消费别人的课程和教学的观念和认识，去年则在实践中致力于建构自己的课程观念和实践体系。

记　者：这应该是一件十分有意义的事。您在建构自己的课程哲学时，主要基于什么样的动机和目的呢？

陈大伟：我思考的是如何服务大多数教师的课程实践。这里有两个关键词，一个是"大多数"，一个是"实践"。所谓"大多数"，就是从更广大的一线教师出发，以他们的生存土壤和实际的能力水平、工作条件为起点。就"实践"而言，马克思的墓志铭上写着这样的话："历史上的哲学家总是千方百计以各种各样的方式解释世界，然而更重要的在于改造世界。"改革是什么？改革是行动，是实践。作为一种实践，课程改革需要"课程"的操作性定义，以指导实践、推动实践。参与课程改革有不同的群体，在改革中，各自有不同的任务和活动方式，从操作角度看，课程在不同群体间也就应该有不同的理解。我想从操作性的角度认识和理解课程。由于缺乏操作性的定义，我注意到，不同群体之间并不能很好地彼此理解和相互帮助。

怎样看待教师课程实践的土壤

记　者： 陈老师，我注意到您很关注教师的生存土壤，您怎么看待大多数教师的生存土壤？

陈大伟： 我个人觉得有两个东西我们要注意，一个是现实的社会土壤，二是传统的教师文化土壤。

现实的社会土壤是尽管世界各个国家学生都要考试，都有应试，但从传统看，中国人有更重的"望子成龙，望女成凤""光宗耀祖""一代更比一代强"的观念和行为模式。从现实看，中国人口最多，就业压力更大，渴望通过教育解决就业和生存问题的要求更加强烈。这样，应试压力大的问题是教育难以回避的矛盾，一线教师必须对此作出回答。

韩愈的"师者，所以传道授业解惑也"是传统的中国教师作用和角色的定位。传什么道？圣人之道。授什么业？谋生之业，建功立业之业。解惑也是解已有之惑。基于这样的定位，教师的任务是传承，而不是批判和创新。生活在这样的观念中，教师自然很难有开发课程资源、批判性使用教材、对文本重新解构和建构的意愿。没有了这样的意愿，也就很难自觉去发展这样的能力。在缺乏这样的意愿和能力的情况下，过多地把责任转移到教师身上注定不会有好的效果。

记　者： 您的说法很有道理。在这样的环境中，课程改革应该怎么办呢？

陈大伟： 对教师进行培训，促进教师的专业发展，增强教师的课程意识，提高教师的课程能力，当然是永恒的主题和任务。但在目前大多数老师的现有水平下，期望过高就很不现实。我觉得应该明确课程改革是共同责任，同时要为不同群体勾画出在课程改革中的不同目标和任务，让大家首先各安其分，做好自己必须做好的。在各自的努力中当然应该相互关照，实践的时候也应该相互靠拢，但首先是自己要尽到自己的责任，把该自己做好的事情做好。

学校的产品是课程

记　者：前不久，您论证了"学校的产品是课程"的观点，您是否想在学校和教师的实践层面探讨课程改革如何实现？

陈大伟：这是其中的一个目的，但它的确是一个重要原因。在北师大小学语文教材中有作家刘绍棠的一篇《师恩难忘》，文章说："田老师先给二年级和四年级同学上课，叫三年级学兄把着一年级学弟的手描红。描红纸上是一首小诗：'一去二三里，烟村四五家。亭台六七座，八九十枝花。'……他先把这首诗念一遍，又连起来讲一遍，然后，编出一段故事，娓娓动听地讲起来。我还记得故事的大意是这样的：一个小孩子，牵着妈妈的衣襟儿去姥姥家，一口气走了二三里地。路过一个小村子，只有四五户人家，正在做午饭，家家冒炊烟。娘儿俩走累了，看见路边有六七座亭子，就走进一座亭子里去歇歇脚。亭子外边，花开得很茂盛，小孩子伸出小手指念叨着：'……八枝，九枝，十枝。'他越看越喜欢，想折下一枝来。妈妈拦住了他，说：'你折一枝，他折一枝，后边歇脚的人就看不到花儿了。'后来，这儿的花越开越多，数也数不过来，变成了一座大花园。我听得入了迷，恍如身临其境。田老师的声音戛然而止，我却仍在发呆，直到三年级的大学兄捅了我一下，我才惊醒。……田老师每讲一课，都要编一个引人入胜的故事。我在田老师那里学习四年，听了上千个故事，有如春雨点点，滋润着我。"

在观察课的时候，我在想什么是好老师，学校大多数老师在课程改革中应该而且能够做的事情是什么。我意识到，他们能够和应该做的就是利用手中的课程资源，创造影响学生发展的教育环境和教育活动。在这个故事中，田老师根据自己对教材内容的理解，用绘声绘色的讲故事方式，不仅发展了学生的想象力，培养了他们的道德行为，而且使他们在审美过程中得到了审美教育。

实际上，现在还不能期望绝大多数老师能够批判教材。能够更好地理解教材，并尽可能根据对教学内容的理解，创造对学生产生积极而富有成效的教育环境和教育活动就是教师在课程改革中应该做的工作。

记　者：这个故事很美，它对我们理解教师的任务很有帮助。我得到的另外启示是，教师要学会从文本中的优秀教师身上学习如何当教师，教师的任务不是只把课本上的故事告诉学生，让学生记住教师。

陈大伟：是的，课堂上的教师不应该只是教育学生，而应该先自我教育，从中得到教益。自己受到教益了，对文本有了兴趣，学生也会受到影响。

课程成为学校产品的意义

记　者：陈老师，您刚才说，基于实践和操作只是您提出"学校的产品是课程"的一个目的。对于这个问题，您的其他期望和愿望是什么？

陈大伟：就"学校的产品是课程"这个问题，我想讨论的主要有三个问题。

一是认识问题。我想，我们再也不能把学生看成我们的产品了。学生是人，他们有生命、有情感、有主观能动性，他们的发展是自我选择和改变的结果，他们不是我们的产品，我们不能对他们进行加工塑造。我曾经看过一个故事，说有一个魔鬼，在人的必经之地设了一个关卡，凡过路之人，他必塞进自己准备的一个箱子，从这个箱子里出来的人都一模一样。我在听到这个故事的时候，忍不住想，这是不是在说我们的学校和教师：学校是人的必经之地，在教师对学生进行加工塑造的时候，教师成了魔鬼？但愿不是。

同时，我们也不能说学校的产品是服务。就我的理解，产品应该有三个基本属性：一是凝结了人类劳动，是人类劳动的结晶；二是能够满足人的某种需要，具有有用性；三是作为一种劳动的成果，总要表现为一定的形态。服务本身并不具备这样的特性。学校要服务人的成长和发展，但服务是功能，实现这种功能需要一定的中介物，这里的中介物就是学校提供的课程。学校的产品是课程，明确这样的认识，我认为有利于提高学校课程建设的积极性和主动性。既然课程是学校的产品，学校成员就应该把主要精力放在课程上，提供优质、有选择性的课程，形成课程特色，更好地促进和实现学生发展。

二是实践问题。从产品的角度，我把学校课程看成学校组织成员共同创生的、对学校成员产生影响的教育环境和教育活动。课程建设的主要任务和方向，就是创造和建设有利于学校组织成员生存和发展的教育环境和教育活动，这是教师的本分，也是教师的职责，它是教师参与课程建设和实践最有效的途径和方式。课程建设者包括学校领导、教师、教育教学服务工作者和学生，作为具有能动性的人，他们一方面建设课程，另一方面又共享课程，既是"课程建设共同体"的成员，又是"学习成长共同体"的成员。

三是评价问题。我认为，把学生看成了学校产品是一些学校对应试教育趋之若鹜的一个重要原因。因为把学生看成自己的产品，所以招生时要严把入口关，对生源挑三拣四，学生入学时要看这样证书，那样证书，也就有了重金收购优秀生源的现象。因为把学生看成产品，所以在过程中就不是把主要精力放在建设好的课程上，而是眼睛死死盯住学生，挤压时间让学生加班加点，限制自由把学生关在教室，扼杀爱好使学生只学要考的东西。教育不是在育"人"，而是育"分"；学生也不是学"生"，而是学"考"。也因为把学生看成产品，所以从结果上就有了中考高考结束后的几家欢乐几家愁，也就有了炒作状元之风。只是在这个时候，他们不会提及这些学生是提着一大堆证书进来的。

学校的产品不是学生而是课程，评价学校就应该立足于评价课程，课程评价不仅要看结果，更要看过程。这里的结果是课程给组织成员（主要看学生）素质发展和变化带来的"增量"，而过程则是组织成员创设的教育环境和教育活动是如何影响和改变组织成员的。对学校和老师来说，不是你有多少有名气的学生，而是这些有名气的学生是否记得你，是否会经常说起你。学校和老师因为什么被记住和提及？在刘绍棠的故事里，是田老师对他的发展有意义的教育活动。

学生不是学校的产品，学校就不能贪学生成就之天功为己有，同时，学校又不必承担学生身上种种不如意之无限责任，家长、社会不能把学生不成才的板子全部打在教育身上，不能全部打在教师身上。

学校课程应该给学生什么

记　者：陈老师，在您自己建构的课程哲学中，您的课程目标是什么？这可是课程中最为关键和重要的问题。

陈大伟：我认为，教育哲学就是对教育根本问题进行终极追问过程中形成的认识和见解，课程哲学是在对课程根本问题进行终极追问过程中形成的。关于课程目标，我曾经进行了如下追问和回答：

"新课程改革提出了三维目标，为什么要三维目标？"我的回答是："三维目标体现了全面发展，有利于全面发展。"

"那全面发展的目的又是什么？"——"为了让学生能更好地生存和生活，更好地完善和实现他们的生命。"

"什么是学生？应该怎么看待学生的使命和任务？"——"学生学生，简单地说就是学会生存，学习生活，也就是既要学习生存的本领和规范，又要学习生活的智慧和意义，以此完善和实现自己的生命。"

"学校教育、课程该让学生得到什么？"——"那就应该是生存的本领和规范，生活的意义和智慧，生命的价值和尊严。"

再对"生存本领""生存规范""生活智慧""生命意义"的内涵和要求进行追问，就可以建立自己对课程目标体系的理解。

对这个问题进行思考，就我自己来说，就像在茫茫的黑夜中寻找自己的"北极星"。"教育应该教学生学会生存，学习生活"，有了这样的答案，我为自己找到了课堂教学的根基。同时，我也发现，从"生存和生活"角度引导教师思考课程改革的时候，因为与生存、生活、生命发生了关联，教师表现出了更加主动和自觉的状态。

记　者：陈老师，在教育历史上，关于生存和生活，相关的观点有杜威的"教育即生活"，也有陶行知的"生活即教育"。我注意到，您在把生存和生活分开来说。不知道您有什么特别的考虑？

陈大伟：杜威和陶行知都是教育的大哲和先贤，他们的见解博大精深，正是他们的认识启发我们去深刻理解和把握教育对人生的意义。我这里想分开来说，也是基于实践的考虑，基于引导大多数人思考的需要。

什么是生存？什么是生活？雨果曾经说："人有了物质才能生存，有了理想才谈得上生活。要了解生存与生活的不同吗？动物生存，而人则生活。"关于人的本质，马克思主义认为，作为完整的个体的人，人是自然因素、社会因素和精神因素的统一体。换一个角度可以这样表达：作为完整的个体的人，人是生物属性、社会属性和精神属性的统一体。

我个人认为：生物属性是基础，人要吃、喝、拉、撒、睡以及有性的需求，满足生物属性要求，教育必须教给人谋生的本领和能力；但仅仅有生物属性，并只追求生物体的需要满足，人不是人，是"畜生"。社会属性使人合群，并获得归属感和安全感；缺乏基本规范，学生就难以融入社会；满足社会属性的要求，教育必须传递基本的社会规范，使人社会化；但如果人仅仅满足于社会规范的获得而没有自己的精神追求，人又只是奴隶。精神属性是人的内在品性，体现人的高贵性，人因为有理想、有追求，因为向往自由以超越生物属性的局限和社会属性的羁绊而显得高贵；也正是人的精神属性和精神追求，使人具有创造性，社会不断进步，人性不断完善。我把学习生存看成生物属性和社会属性的满足，把学习生活看成满足精神属性的基础。

荷尔德林说："世界充满劳绩，人却诗意地栖居在大地上。"我理解，"在大地上"是人的生存背景，是人的生物属性、社会属性的真实写照，"诗意地栖居"是体现人的精神属性的理想追求。具体在课程实践中，一方面我们必须关照学生的现实生存处境，满足升学、就业等竞争需要，另一方面又要着力建设学生的精神家园。实际上，使学生学习生存、学习生活、追求生命的完善与实现就是追求灵与肉的和谐，社会化适应和个性化发展的统一。

教学生生存和生活的实践智慧

记　　者：您能不能用具体事例说一说？

陈大伟：有一位家长在孩子读幼儿园的时候，对孩子提出了这样一些问题："4只点燃的蜡烛，吹灭了1只，第二天早上，还剩几只蜡烛？"经过启发，孩子意识到4-1=1。"一只长方形的桌子，截掉1只角，还剩几只角？"

孩子发现4-1=5或者4-1=3。"一棵树上有4只小鸟，猎人打死了1只，树上还有几只小鸟？"经过分析，孩子知道在这里4-1=0。"鱼缸里，有4条金鱼，死了1只，鱼缸里还剩几只金鱼？"孩子学会了思考，也自己得出了结论4-1=4。

孩子进小学了。老师在作业中写出了"4-1="的题目，孩子兴奋地把自己知道的"4-1=1""4-1=5""4-1=3""4-1=0""4-1=4"都写出来，老师不明所以，在"4-1=3"后打"√"，其余的都打了"×"。孩子哭着回家告诉妈妈。妈妈对学校教育开始失望，并向老师提意见。

当然，对老师来说，在面对如此多样的"4-1="答案的时候，最好还是先应该想一想"为什么会有这些答案"，不要简单判断和轻易否定。在了解学生、肯定学生对生活现象的观察和认识后，我认为，老师当然应该让学生知道"4-1=3"这个约定俗成的东西。这就是为了生存的需要，知道这样的计算，以后拿4元买1元的东西，售货员就不会算成"4-1=0"，而购买者则不会坚持"4-1=5"。可以想象，如果这些基本的东西都没有了，社会一定会乱套。人又怎么生存？

再说一个关于学习生活的例子。《画家和牧童》是人教版语文二年级下册的课文。我观察了两个老师上这一课，两个老师都是在写课题时把"画家"二字写得大一些，"牧童"二字写得小一点。然后提问："请同学们观察，老师的板书有什么特点？"同学回答："'画家'写得大一些，'牧童'写得小了一些。"老师接着说："是的，这里的画家是一个著名的画家，牧童是一个十分普通的牧童，而且是一个小孩。"边说边在"画家""牧童"下面分别写上"著名""普通"，接下来的教学活动是分析戴嵩画画的水平如何出神入化，一个如此著名的画家在不绝于耳的赞美声中，面对一个牧童的指正如何从善如流……

看到老师这样教学，我们不禁要讨论这样的问题："我们应该学习的是谦虚这种品质，还是名人的谦虚品质？'小'与'大'的对比是成就的，还是人格的？这样处理是不是从小就在培养学生的'名人崇拜'心理？"学习生活就是要学习人格的平等性、相互尊重、相互学习，对名人不迷信，尊重敬佩而不崇拜。

理想课堂的四个目标

记　者：陈老师，您在2007年完成了《建设理想课堂——新课程课堂教学的反思与改进》，能不能简要介绍一下您的理想课堂的图景？

陈大伟：在我的理想中，课堂应该追求四个目标。第一，要让学生享受幸福快乐的课堂生活。第二，理想的课堂需要指导学生如何生存和生活，教给他们生存的本领和生活的智慧。第三，理想的课堂应该是高效的。第四，理想的课堂有利于教师提升教学生命质量，享有成长和收获的快乐。

这里我主要想说一说第一个目标和第二个目标的关系。

在教育面向现实和未来的关系上，我首先定位于现实的快乐。我认为，在我们的教育中，最大的问题是缺乏对学生现实幸福的关怀，由此带来了很多担心和忧心。比如，我们可以搞一个调查，看一看：满怀学习热情来到学校的学生比例是多少？离开学校时，感到学校和学习生活快乐，并且对新学习充满期盼的学生比例又是多少？我们的教育在多大程度上保护和激发了学生的学习热情？又在多大程度上压抑和泯灭了学生探索求知的渴望？……我估计，调查的结果将是失望多于欣喜。

我认为，学习生存的第一个条件是热爱生活，愿意生活。而热爱要因为可爱，珍惜是因为值得珍惜。对学习的愉快感受和体验是未来幸福生活的重要保证，当学生在课堂上、在学校里对现实生活满意，感受到了生活的幸福以后，他们才能也更容易对未来充满期望，也才愿意为未来生活努力，未来的幸福生活才有基础。如果为了未来，把生活的热情、学习的动机和积极性都丢掉了，学生的未来将很难幸福。

理解现实和未来的关系还可以这样提问，那就是人生是长跑还是短跑？教育的眼光只是学生从这里毕业，还是他今后的一生？当我们意识到人生是一场马拉松，而不是一场百米赛的时候，当我们确定教育对学生一生具有义务的时候，我们就知道不能让学生在开始的时候太辛苦、太艰难，以至于对未来充满恐惧。因为恐惧，有的人已经通过放弃生命而逃跑，有的则辍学，更多的是在课堂上"心逃"，采用放弃学习、逃避学习的方式。

作为中小学教师，对大的社会环境我们可能无法改变，但在自己的课堂上，我们可以追求"让学生蹦蹦跳跳上学，高高兴兴回家"——"蹦蹦跳跳上学"是他们对学校充满期望，生活有激情，有活力；"高高兴兴回家"是他们在学校里，在课堂上快乐幸福，有成长，有进步。在"让学生蹦蹦跳跳上学，高高兴兴回家"中孕育着未来，孕育着希望。

记　者：那您怎么看待学生在学习活动中必须克服困难呢？

陈大伟：我同意学习需要克服困难，需要培养学生的意志力，而且教育在培养学生克服困难的勇气、战胜困难的意志力方面现在也比较欠缺，但不要认为克服困难就一定意味着痛苦。现在有很多老师说学生不爱学习，于是对学生实施强制学习。我个人认为这种说法的理论和做法都值得商榷。

苏霍姆林斯基说："在人的心灵深处，都有一种根深蒂固的需求，这就是希望感到自己是一个发现者、研究者、探索者，而在儿童的世界中，这种需求特别强烈。"苏霍姆林斯基的《给教师的建议》内容丰富，但对我启发最大的就是，智力生活充满乐趣，要让学生享受智力挑战的智力生活乐趣。他说："教育教学的技巧和艺术就在于，要使每一个儿童的力量和可能性发挥出来，使他们享受到脑力劳动中的成功的快乐。"我认为这是有效教学的核心和基础。

很多孩子喜欢玩游戏，为了玩游戏他们克服了很多困难。我们可以想一想，游戏为什么吸引学生。游戏之所以吸引人，就我看来，可能有这么几个原因：首先，参与者可以在约定俗成的规则下"我的事情我做主"，游戏中参与者的主体地位得到了充分保障，这种主体地位是通过互动影响、及时反馈的方式实现的。其次，游戏没有外在的强制的功利追求。第三，吸引人的游戏具有一定的故事性和身临其境的情境性。第四，多媒体所营造的图像、音效也让人着迷。除了这些，我认为游戏吸引人的另外一个重要因素是游戏的挑战性。好的游戏让你在玩的时候全身心投入，它调动你的智慧、激发你的潜能，使你沉醉在智力活动的快乐中。

在一定难度的情境中自主参与智力活动，并能享受智力活动的乐趣，这就是游戏之所以吸引人的秘密。这时，困难成了挑战，成了激发人的创造性的源泉。困难就不是困难，与困难为伍本身就成了乐趣。当然，让课堂教学达到游戏一样的吸引水平,这个要求的确太高,也显得过于理想。但另一方面,我又认为这种思考和研究对认识学生,对改进课堂教学很有意义和价值。

不做变革的旁观者

记　者: 您的观点可以给教师很多思考。在我们的交流即将结束之际,我想问您在建构自己的课程哲学时,您的动力和方法是什么?这可能会给教师更多的启示。

陈大伟: 美国历史学家卡罗·金兹堡在被问到"是不是作为一个观众来与这个世界发生关联"的时候说:"仅仅作为一个旁观者在道德上是不可接受的。"我希望把这句话融入我的骨髓和血液。艾青说:"为什么我的眼里常含泪水?因为我对这土地爱得深沉⋯⋯"对于课程改革,我和中小学教师"同在共行",教育本身是我目前的生活,我绝不做旁观者。不做旁观者,一是对教育不做旁观者,有多大力量就使多大力量,是一片树叶就产生一线荫凉;二是和中小学教师在一起,分享彼此的快乐和痛苦,面对共同的问题,解决共同的困难。

另外一句话是苏格拉底说的。他说:"未经审视的生活是没有价值的生活。"我希望自己不要仅仅把思想当成名词,而是多用作动词。也就是不能仅仅一成不变地接受和消费别人的思想,我要自己参与进去,用自己的脑袋思想。在我们对自己的责任和使命、目标和路线进行持续审视和思想的时候,我们就在建构自己的生活哲学,就在为自己寻根。

变革教师培训的理念与方式①

【按语】

在教育转型性变革的新时期,传统的教师培训越来越不适应教师专业发展的新需求。有专家将目前的教师培训概括为"两多两少":理论讲得多,技术层面的讲得多;触动教师心灵的少,改善教师生存状态的少。在教师培训变革的十字路口,陈大伟副教授以自己全新的理念与实践走出了一条新路。

教师有权拒绝无帮助的培训

记　者: 曾在媒体上看到过您的一个观点:"现在的教师工作面临着很大的变革,这种迅速的变革对教师形成了巨大的压力。他们是非常愿意学习的,想通过学习来应对这种变革。"您的这个观点是怎么得来的?它的意义何在?

陈大伟: 这个观点不是来自理论的推导,而是从实践中得出的结论。我在教师进修学校当校长期间,张思中外语教学法风靡全国,我们曾经组织部分教师到重庆学习。为了能够抢占前排的座位,教师们顾不得吃饭,连上厕所也一路小跑……以后,这样的故事我听过很多,这样的场景也看到过很

---

① 2007年10月17日、24日、31日《教育时报·课改导刊》刊发,访谈记者王占伟,刊发标题为《陈大伟:变革教师培训的理念与方式》。

多。有的教师可能会说，他们是骨干，当然这样了。但我在和很多普通教师交流时，他们也反映出了希望学习、希望进步的强烈愿望。

确立这样的观点对我来说意义重大。首先在于它坚定了我的工作信心，想一想，如果抱着"教师不自觉，他们不愿意学习"的观点，我会怎么办？我可能就会想，无论我如何努力，你都不积极，我何必努力。现在，我坚信教师是愿意学习的，是想学习的，当遇到教师在继续教育实践中不认真、不积极的现象时，我就不会抱怨教师，而是千方百计地改变自己。我就会不断调整内容设计，不断改进研修方法，尽可能适应教师，满足教师的学习需求。

是抱怨还是相信？观念影响行动。日积月累，慢慢地，效果的差别就出现了：抱怨的还在抱怨，一线教师对他们也不再信任；而相信教师愿意学习的培训者在不断改进，开始受到教师们的肯定和鼓励。

认为教师不想学习，有可能还是一些培训者不愿意改进工作的托词。我以为，这是不负责任的一种表现。

记　者：您说教师是愿意学习的，但我们在很多培训场合看到教师们学得不认真，并且有迟到和早退现象。对此，您是怎样理解的？

陈大伟：我曾经和一些搞教师培训的朋友讨论教师们有没有退场的权利，我认为当然有：你讲的东西对我没有帮助，我为什么不可以退场？我为什么必须在里面承受痛苦的煎熬？如果教师本身是愿意学习的，在这种无帮助的培训面前选择退场，我认为这是一种自我意识的觉醒，这是一种进步。

我说教师愿意学习，并非指教师愿意接受所有的培训。我曾经在一个培训机构的大门前看到这样一幅标语——"培训是给教师提供的最好福利"。以此使教师意识到学习的意义和价值的想法当然不错，但是作为培训机构，这样的认识却远远不够，我们只能说："高质量的培训是给教师提供的最好福利。"

我想表达的观点是：并非任何培训都是给教师的福利，低劣的培训不仅浪费了教师的时间，而且也伤害了教师继续教育事业本身，这种伤害使中小学教师丧失了参与继续教育、参与专业成长活动的积极性。我非常赞成成都教育学院周小山院长的观点："教师学习积极性的丧失是继续教育活动的最大失败。"

我们注意到,对有些培训者而言,不能说不辛苦,不能说不努力,但为什么教师还是不喜欢呢?这里就涉及第二个问题,就是如何看待教师学习需要的问题。我认为,在坚信教师愿意学习的同时,又要看到教师工作任务重的实际情况和困难。

尊重教师的处境

记　者:教师很辛苦,这一点我们承认。但这个现状会怎样影响你对教师继续教育的理解呢?

陈大伟:因为时间紧,任务重,他们的学习大多只能是问题式的学习,他们的学习要求难免追求功利性和实用性。这种要求自有其合理的一面,我们不能不首先适应和满足他们的学习要求。做教师继续教育的时候,就不能一味地从自己假设的角度出发——"这样也该学,那样也该学",而应从教师的问题出发,以教师的需要为起点,突出重点,抓住关键设计和安排合适的学习内容。

记　者:"坚信教师愿意学习的同时,又要看到教师的工作任务重、时间紧",两个看法都有一个可贵的起点,就是站在教师的角度。只有站在教师的角度,从教师的立场出发,才能体现以人为本的指导思想。从理论上,教师教育工作者的确应该以教师为本,但具体在实践中大家还有很多疑惑。

陈大伟:以教师为本,话好说,实践起来并不容易,而且没有终点。我自己有这么几点认识:

首先是尊重教师。这个话题也不新鲜了,我在这里想说的是,要尊重教师的个人选择。曾经在一次研讨活动中,有专家把批判性选择教学内容的任务交给一线教师,把没有完成这样任务的课堂定义为"负效"课堂。我忍不住表达了自己的愤怒。我的感受是,他们在表达自己先进的教育思想的同时,又在不自觉地扼杀一线教师的自信心和成就感。我认为,你可以给学生讲考上北大、清华那些学生的事迹,但你不能用北大、清华学生的能力和水平要求每一个学生;你可以讲特级教师、优秀教师的事迹和课例,要求他们朝着这样的方向努力，但你不能要求绝大多数教师现在都具备同样的能力和水平。

对于课程改革，我认为，课程专家（包括我们培训者）在设计和讨论困难中的理想，而中小学教师在实实在在面对实现理想的种种困难。课程改革将改变教师，而不论是改变生活方式，还是改变习以为常的教学方式，除了快乐，大多数教师感受更多的是一种痛苦。在痛苦面前，要允许教师们犹豫，允许有一个过程，对此，我们都需要付出时间和耐心。

其次是信任教师。要在信任教师的基础上，立足解放教师、激发教师不断追求完美，帮助教师在为学生提供更好的专业服务的过程中，获得更强的专业尊严感和专业成就感，从而享受幸福的教师生活。

再次是关心教师。关心是一种态度，一种习惯，也是一种思维方式和生活方式。比如，面对教师不知疲倦、声音嘶哑地进行课堂教学，你是否意识到，帮助教师共同分析哪些地方可以少说，哪些地方可以不说，以保护嗓子，这就是你对教师真诚的关心。只要你真诚，只要你把教师置于核心位置，你就有很多事情可以做，教师也能对此作出积极的回应。

继续教育要有利于教师体验幸福

记　者：说到以教师为本，我们觉得，教育管理者、培训者需要强化让教师成功与幸福的意识。

陈大伟：是的，我认为，继续教育内蕴着幸福，与教师的幸福生活紧密相关。

首先，从生存意义上，继续教育关涉教师幸福。应该说，学习和成长是人的生存方式，也是获得幸福、享受幸福的基本途径。学习是安身立命的基础。从这种意义看继续教育，它就不仅仅是教师为了适应工作和工作变化需要的一种外在的强制和约束，而是一种提升人的本质力量，促进人的发展、实现幸福生活的生存方式。可以说，继续教育的水平和质量影响教师的生存和发展质量。

其次，从终极意义上，继续教育要为了教师幸福。继续教育工作的对象是教师，继续教育应该以教师为本。继续教育以教师为本，就必须以教师的幸福为本，要有利于促进教师追求和实现自身的幸福。

再次，从实践意义上，继续教育要有利于教师体验幸福。从实践意义上说，继续教育要有利于满足教师对"真、善、美"的追求。引导教师求真，就是引导教师发现和揭示教育的规律和本质。满足教师继续教育求善的需求，就是要不断研究教师的问题，研究教师的需要，创造条件满足教师的需要，提高继续教育的有效性和实效性。满足教师继续教育对美的追求，就要在继续教育活动中，使参与教师成为活动主体，就是要重视教师的经验，重视教师的活动，创造条件展示教师的智慧、才能，使教师在活动中不仅发展自己，而且欣赏自己、肯定自己，从此感受美，体验幸福。

记　者：我注意到您的理想主义情怀了，会不会过于理想？实践中如何操作呢？您看到了自己努力的效果了吗？

陈大伟：我不否认自己的理想主义情怀。一方面，人需要理想，需要目标；另一方面，教育本来就是为着未来理想的事业，教育工作者更应该具备理想主义的精神。

不过，这些想法并不是基于理想主义的推演，我自己也是有相关实践操作基础的。比如，意识到要让教师体验美、要重视教师的经验、让教师在参与中获得自我肯定以后，我时常提醒自己："和中小学教师交流，你主要是来表现自己的，还是帮助教师的？"这样，在面对中小学教师的问题时，我就要避免显摆自己的观点和意见，避免过分表现自己，而是努力成为教师自我反思的促进者和帮助者，让教师获得"我的问题是我解决的""我可以解决自己的问题"等积极体验。

我很高兴，几年坚持下来，我幸福地体验到了改进以后的效果。在我的网站上，有很多这样的留言："听完讲座至今，我开始慢慢走出长期灰暗的从教心境，对以前的教学进行了反思，再次审视自己的职业——教师，感到也有那么多的可忆之处，一种向上的力量促我整理出了近20篇教学反思，我感到生活也因此而充实和自豪。我会不懈地沿着这条路走下去。""今天的骨干教师培训会上，您的讲座给炎热的天气带来了一股清风，让我神清气爽，顿觉浑身充满了干劲。"

从培训到研修

记　者：陈老师，和您交流多次，我注意到，在您的话语里，您在尽量回避"培训"的字眼，而大多采用"研修"来表达，对此您有什么特殊的考虑吗？

陈大伟：语言学家列奥·施皮泽说："词的变化就是文化的变化和灵魂的变化。"我现在更愿意用"研修"来指代教师参与的专业发展和教研、科研活动。"研修"是什么呢？研是研究，是认识、解决教育教学中的问题。修是修养，"修以求其精美，养以期其充足"，修养是发展人。这样，"研修"从目的上要求解决教育教学问题和发展中小学教师有机统一：一方面以教育教学实际问题为抓手，以参与问题解决促进教师专业发展，把问题解决的过程变成教师专业发展的过程；另一方面以教师专业发展为解决教育教学问题的前提，通过教师专业发展实现教育教学问题的最终解决。也就是它要整合培训、教研和科研的任务和目标。

在培训活动中，一般有"施训者"和"受训者"的区分，有主体和客体的区别；而修养只能依靠自己，依靠主体的自觉。这样，从"培训"到"研修"，还意味中小学教师从被动接受到主动参与，从"专家话语""理论话语"的消费者到研修话语的提供者、分享者的变化。除此以外，在具体方式上，研修不拒绝信息传递方式，但更加强调对话、交流、分享。在发动方式上，研修需要外部力量的推动和组织，并且承认在缺乏自组织的情况下，外力驱动、政策制度调控是有效研修的基本保障；但研修的理想状态是教师自己成为研修活动的主体，教师是自身问题的解决者，他们是自我发展的设计者和驱动者。在内容选择上，研修既反对从理论到理论"空对空"，又反对仅仅纠缠于实践问题的"地对地"，提倡理论与实践结合，自主反思与专业引领结合，既解决实践问题，又提高参与者的理性觉悟和认识水平——"地空协同"、全面发展。

记　者：通过您对研修的解释，我觉得研修的主要场所在教育教学的现场，组织单位最好是在学校。

陈大伟：我同意你的意见。但是，研修的理念并不仅仅适合学校，它适合一切教师参与的专业发展和研究活动。

从他组织到自组织

记　者：您一直在关注校本培训，当从"培训"转换到"研修"以后，现在一般都叫校本研修了。不知道您对校本研修的现状和趋势有什么看法呢？

陈大伟：1998年，四川省绵阳市涪城区成为全国中小学教师继续教育实验区，我们研究的课题就是"校本培训研究"。可以说从那时起就开始关注校本培训（2003年以后叫校本研修），从管理主体重心变化的角度，就我有限的经验看，校本研修有这样三个发展阶段和层次：

第一个阶段和层次是学校被动应付的阶段。具体表现在教育行政部门和培训院校在积极推进校本培训，但学校并没有认识到校本培训的意义和价值，组织开展校本培训主要还是为了完成任务，为了应付交差。这时，学校的校本培训管理必然流于形式，校本培训必然低质量、低效益。就学校而言，此时的校本培训处于外力驱动的他组织状态。

对于这种层次的校本培训，地方教育行政部门和培训院校、教研机构都不能当甩手掌柜，放任自流。这一阶段的管理主体主要应该是当地教育行政部门、培训院校和教研机构。管理重点是帮助学校认识校本研修的意义、作用和方法，明确校长在校本研修中的责任和作用，帮助学校建立相应组织管理机构和制度，加大对学校组织的研修活动的监管力度，加强视导。

第二个阶段是学校主动参与的阶段。在这个阶段，学校已经意识到，高素质的教师是高质量教育的基本条件，高素质的教师必须依靠学校自主培训，校本研修是建设高素质教师队伍、促进学校发展的根本途径。此时，学校真正动起来了，开始积极主动地开展研修活动，提高研修质量和效益。这种状况的研修活动可以看成是学校立足自主发展的自组织状态。

到这一阶段，研修活动的管理主体开始向学校转移。此时，学校管理的重点是建立相应管理制度，建设学习文化，开发研修资源，组织研修活动，进行研修评估和奖惩。

当学校自身有了自觉的组织和管理热情,并能因校制宜地组织研修活动时,教育行政部门和培训机构、教研机构就应该及时从直接监管转向提供信息、资源与服务,鼓励和支持学校自主选择,灵活实施,形成特色,提高效益。

第三个阶段是教师主动参与的阶段。这一阶段,教师开始意识到专业发展对提升工作质量、生命质量的意义和价值,教师开始从外在的控制和驱动转向积极主动地寻求发展契机,采取多种方式利用各种有效途径发展自己,超越自己。研修活动发展到这一阶段,驱动方式已经从学校驱动走向教师自主驱动。改变现有教育生活状态,追求更美好的教师生活是教师学习成长的主要动力,教师学习主要表现为走向教师自主发展的自组织。

这一阶段,研修活动的管理主体自然转移到教师身上。教师的管理主要表现为自我规划、自我设计、自主研修、自我评价和自我激励。

教师的学习成为自组织活动后,学校的管理必须坚持以人为本,在明确研修目标、确保研修目标实现的前提下,充分信任教师、解放教师,并努力创造和提供教师自组织的环境和条件,以建立"终身学习、全员学习的学习型社会"为方向,以学习型组织的理念建设和发展学校,帮助教师自主发展、自觉发展。

教育学家多尔在《后现代课程观》中有一个重要观点:"如果后现代教育学能够出现,我预测它将以自组织概念为核心。"我个人的看法,理想的方式是教师对于美好生活愿望的研修活动自组织,但从学校层面的自组织到教师个人层面的自组织现在还是一个"瓶颈"。

从控制到解放

记　者:这里面的关键应该是增强教师参与研修活动的内趋力、提高教师自主发展的积极性。但您的信念是"他们是非常愿意学习的"?

陈大伟:认定"他们愿意学习"对组织研修工作的意义,前面我已经说了。要看到,"他们愿意学习"对于很多教师而言,是在外部压力的驱动下表现出来的，也就是说，他们的学习还是适应外界环境压力的学习，而不是主动谋求自身变化的学习。现在的目标是从被动到主动，从适应到谋求。

记　　者：这是一个很有价值的问题，不知道目前您有哪些认识和实践？

陈大伟：增强内趋力，提高积极性不仅仅是认识问题，也涉及方法问题、生活方式改变的问题。我们有了一些思考和实践，但是还有很长的路需要走。我们目前认为在这些方面需要注意：

首先，是帮助教师建立"工作本身就是生活""追求幸福的教师生活"等理念，激发教师追求美好的、幸福的教师生活的热情，把成长看成通往幸福生活的有效途径。我始终认为：没有生存追求的根本改变，就不可能有生存方式和行为方式的改变；当教师没有追求美好的教育生活的愿望时，一切试图改变教师的努力都可能带来失望。可以说，激发教师的生命追求，引导教师追求幸福生活是教师发展、发展教师的根本。

其次，是培养教师的批判意识和反省精神。没有对自身教育教学现状的"不满意"，没有对更理想的教育教学的追求，缺乏问题意识和自我批判精神，教师的自我发展也就失去了基础。在这个问题上，因为人的天性是自我保护而不是自我揭短，所以，这项工作富有意义但充满挑战。可以说任务十分艰巨，对此，我们也有了一些措施。

第三，以多种途径和方式实现发展。教师是明白人，会算账，他总要对参与研修活动的成本和收益进行核算和比较。如果收益大于支出，他就会自觉参与、主动参与；如果收益小于成本，他就很难有积极性。因此，在引导教师参与研修时，不仅要让他们对未来收益有积极的预期，而且要尽可能降低成本，把研修活动变得容易一些，效益高一些。容易一些、效益高一些的一个基础是多样性、选择性。

我对调动教师专业发展的主动性和积极性有如下思考：

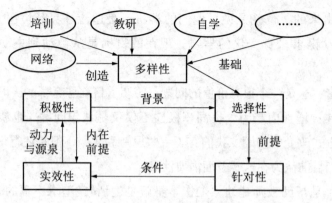

图 1 研修相关因素关联图

这里，方式和途径的多样性基础为参与主体的自主选择提供可能；选择性不仅是尊重参与主体地位的基本要求，而且是提高研修针对性的前提；针对性又是实效性的条件；只有研修活动具有实效性，中小学参与活动的主动性和积极性才可能被有效激发；只有具备教师参与研修的积极性和主动性条件以后，研修活动才能从"控制"走向"解放"，从统一规范的集体研修走向教师自主研修、自主选择；教师参与研修的积极性和主动性既构成了教师自主选择的"背景"，又是丰富选择性所期望达到的目的。当教师的积极性和创造性被激发以后，他们又将主动发现和创造出更加多样的有效的研修途径和方式。

在这样的循环提升过程中，多样性处于重要的基础位置。意识到多样性的重要，就应该鼓励多样性、创造多样性，而不是"只此一家，别无分店"，"只许这一路，不许走它途"。

第四，是引导教师体会感受变化，体会成长快乐。在这个问题上，引导教师从外部评价走向内部评价，使其在学习和成长中不断获得肯定的积极的自我评价是其中的关键。

重点关注教师的实践性知识

记　者：教师的时间紧、压力大，因此在设计和安排老师学习内容时要突出重点。这是您的观点。在您看来，教师继续教育的重点内容应该是什么？

陈大伟：不同的对象、不同的时期，乃至于不同的学校要求，都应该有不同的内容选择。但就总体情况来看，我认为，教师继续教育应该抓住"实践性知识"这个学习重点。

记　　者：关于教师知识的分类，有的分为"本体性知识""条件性知识""实践性知识"三类；有的还要加上"广博的文化科学知识"，这就有了四类。为什么您特别强调了"实践性知识"？

陈大伟：我倾向于四类知识的分法。其他三类知识肯定也很重要，甚至可以说是养成教师实践性知识的基础。比如，没有扎实的教育学、心理学基础，没有宽广、深厚的文化底蕴，实践性知识就可能"长不大""长不高"。因此，"本体性知识""条件性知识""实践性知识""广博的文化科学知识"都应该学习。但现在的问题是时间有限，这就需要选择，甚至暂时放弃。我认为，对大多数教师而言，应该优先选择实践性知识，理由如下：

首先，教师是教育情境中的实践工作者，实践是教师工作的主要任务，解释实践、应对实践、变革实践的方法与思路是他们最需要的，也是最感兴趣的，它更容易满足教师针对性和实效性的学习要求。

其次，实践是复杂的、丰富的、流动的，实践性知识的学习没有终点，需要不断学习和终身学习。可以说，只要教师在实践，教师就需要学习实践性知识。

最后，实践性知识是情境性的。苏联教育家苏霍姆林斯基说："教育，就其广义的理解来说，这是一个受教育者和教育者都在精神上不断丰富和更新的多方面的过程。同时，这个过程的特点是，各种现象具有深刻的个体性：某一条教育真理，在第一种情况下是正确的，在第二种情况下是无用的，而在第三种情况下就是荒谬的了。"对于情境性的实践性知识，最有效的途径是在实践中学习、在情境中学习。教师继续教育大多是岗位学习，边实践边学习，这是获得实践性知识的最为重要的方式，岗位上的继续教育与实践性知识的学习结合最紧密。

不能把教师的实践性知识降格

记　　者：重视实践性知识固然重要，但怎样才能避免把实践性知识的学习变成纯粹的教育教学操作的技术学习?

陈大伟：一般认为，教师的实践性知识是"教师在面临实现有目的行为中所具有的课堂情境知识及与之相关的知识"。北京大学陈向明教授认为，教师的实践性知识就其构成而言，包括教师的教育信念、自我知识、人际知识、情境知识、策略性知识。

通常，教学活动的路径是：教师的教育假设→教学设计→课堂上教师教的行为→学生学的行为→学生学的效果。这样，在每位教师具体的行为模式中，都内隐着教师一定的理论和策略，并且承载着教师的价值追求和情感取向。可以说，教师的实践性知识是教师个体内部认知整合的结果，是一个完整的主体人格的有机组成部分。作为不可分割的整体，教师的实践性知识在课堂教学中发挥着整体的作用，教师的实践性知识综合地体现了教师的知识与能力、素质与理念。所以，不能把教师的实践性知识降格为教育教学过程中的具体的操作行为和技术。

从发展教师的实践性知识的角度看，课堂、教学、教育活动（包括班级管理）方面的知识无疑是教师最需要的。在现有课堂教学研究中，我批评传统的"评课"，其中一个原因是评课往往就教师教的行为讨论教的行为，我认为仅仅在技术层面着力并不能有效发展教师。我主张"议课"。"议课"是以外显的、可以观察的教师的教的行为为抓手，通过对话和交流，讨论教学设计、教育观念、学的行为和教学效果；就像担担子，抓住的扁担是教的行为，但两头系着两根绳子，挂着两个筐，两根绳子一根是教学设计，一根是学的行为，系着的筐一头是教师的教育理念，一头是学生的学习效果。"议课"的目的在于促进教师更新教育观念、思考教学新设计、改善教学行为，提高教学效益。"议课"就是力图整体发展教师的实践性知识，而不仅仅是改进教师教的行为。

给中小学生上课的勇气与意义

记　　者：我在您的博客上看到了您在中小学上课的一些实录和反思，您怎么想到了到中小学给学生上课？它对您有什么意义？

陈大伟：说实在话，这么多年和中小学教师交流课、讨论课，最怕中小学教师说："说了那么多，你来试一试吧。"所以，我在提出课堂教学的建议时一直比较注意实现的条件，可以说很谨慎。

在议课活动中，我鼓励教师们平等交流，发表自己的意见，这时，教师们会经常对我的意见说"不"了。他们会提出自己的困难，会质疑我的建议。自己的意见被质疑，这个时候，我就很想要试一试了，想看一看自己的建议是否有意义，是否能实现。我发现，这是一种幸福的、充满期盼的渴望。

一方面，在这种课堂上，我要表达我的理解和思考，具有明确的研讨问题指向，有比较强的改革意味，不可能面面俱到、十全十美；另一方面，过去没有在中小学上过课，肯定问题不少。所以，很自然会招致批评。

我曾经在成都师范附属小学上过一节语文课。这所学校的教研空气纯正而浓厚，大家又比较熟悉，听完课，大家就直面问题展开批评。这是我第一次面对如此集中而尖锐的批评，尽管大家也给我留了面子，但开始的时候，我感觉自己的脸有点发热，还是有些挂不住。我不断提醒自己："这不是你自己期望的吗？你不是也经常用这种方式和一线的中小学老师交流吗？"四五分钟过去以后，我才能完全把精力集中，才能沉着冷静地认真听取和分析大家的批评。

现在，我非常感谢教师们在那次活动中的批评：一是他们帮助我思考和体会语文该怎样教。二是让我接受更真实的我。我开始意识到必须经常接受这样的话："你错了。""你不行。"我慢慢不怕批评，脸皮也慢慢"厚"了。三是让我知道了接受批评何其艰难。我发现我不像我想象的那样坚强，我有一颗容易受到伤害的心。由此，我不能希望其他中小学教师有一颗比我更为坚强的心，我不能去伤害他们也容易受到伤害的心，尽管他们需要变得坚强，犹如我们也需要变得坚强一样。但这需要一个过程。

我意识到：必须采取更有效的方式保护中小学教师参与献课的积极性，以更有效地促进教师们反思！

记　者：您的经历给了我们很多启示，但走出这一步毕竟需要勇气。

陈大伟：其实也没有什么。一方面，"课"是研究教学、改进教学的载体，是献课者和观课者共同对话、交流的平台。没有问题和困惑的课堂是不存在的，没有必要为课堂中的问题大惊小怪。只要我们不对课堂赋予太多其他的东西，我们就很容易轻松地坦然面对上课中的不如意。另一方面，中小学教师对我去上课主要还是鼓励的。我曾经问过几位邀请我去上课的教师："如果我上'砸'了，你们怎么看我？"他们说："我们还是佩服你的勇气。"既然如此，为何不勇敢地去尝试呢？

我很高兴我这样想和这样做。走出了这一步以后，再回过头来看自己，发现自己在教师培训工作中有了这样的足迹：讲理论，"空对空"→加进别人的案例，"炒"案例→听课，加进自己发现的案例→听课评课，有针对性地对教师们的课进行评点、指导→观课议课，与中小学教师共同讨论课堂上的问题→观课议课的同时，我也上课，彼此启发，共同成长和进步……在这个过程中，我和中小学教师慢慢开始"同在共行"。

可以说，尽管未来的路还很长，但和中小学教师在一起，我们彼此牵手，成了共同前进的朋友。这是一种幸福和充满期望的生活。

记　者：这种生活令人憧憬。我们知道，您曾经辞去学院科研处处长的职务，就是为了享受这样的生活吗？

陈大伟：这只是一个方面的原因。更重要的原因是我期望到基础教育的实践中去，到教师身边去，到课堂上去。

曾经很多朋友说：辞职了，可以好好做学问了。但我自己反思：我说的不是学术，写的也不是学术；我的梦不是学术，而是实践，在实践中改造课堂教学。一方面，我期望把引领教师追求幸福生活、更加有效地推进校本研修、建设观课议课新文化等思考运用到实践中，争取推动实践、改进实践；另一方面，我需要在鲜活的实践中获得营养，在实践的海洋里游泳。

担任学院科研处处长，我不能不承担一些与教育教学无关的责任，我需要选择，需要放弃，有"舍"才能有"得"。

记　者：陈老师，相信您的经历、观点和其中的一些方法能够给作教师培训的朋友带来帮助。谢谢您！

陈大伟：古人说："达则兼济天下。"我有这么一些经验和教训，不敢敝帚自珍。让我们共同努力吧！

如何做幸福的教师 ①

主持人： 各位老师，大家好。我是中国研修网编辑，也是今天这次访谈的主持人秋文娟，坐在我旁边的这位就是成都大学师范学院的陈大伟副教授。

陈大伟： 各位网友，大家下午好！

主持人： 今天这次交流的话题是"如何做幸福的教师"。对这个话题，陈教授已经有过多年的研究，在这方面有一定的建树。陈教授曾经说："没有教师生活状态的根本改变，没有对幸福生活的追求，教师学习将永远是外在的。"如果各位老师也有什么想问陈教授的，可以通过我们的互动平台输入问题，陈教授将在这里对大家的问题一一进行解答。

陈教授，在之前的调查中，我们听到很多老师都说没有感受到教师生活的幸福，而且认为谈教师的幸福生活只是一种理想。那么我今天就想代表这些老师问一下陈教授，您是怎么看这个问题的呢？

为什么研究教师幸福问题

陈大伟： 的确，现在老师的压力很大，因为压力大，很多老师没有感受到幸福。这是一个事实。作为教师培训工作者，正因为中小学教师不幸福不快乐，所以我们才研究教师的幸福生活。

---

① 2007 年 9 月 21 日在中国教师研修网与网友们的交流。

人的一生有很多东西是注定不能改变的。比如人已经生下来，人最终要死，这都是不可改变的。我认为，生、死的起点和终点我们决定不了，但是中间的过程我们是可以改变的；人活着不容易，我们每一个人都应该寻找自己的快乐，寻找自己的幸福。

在研究幸福的教师生活的时候，我发现，很多古代的哲人都透露出了对人的幸福的关注。恩格斯曾经说："每一个人的意识或感觉中都存在着这样的原则，它们是颠扑不破的原则，是整个历史发展的结果，是无须加以证明的……例如，每个人都追求幸福。"亚里士多德认为，首先，幸福在人的所有目的中，是终极性的目的。什么叫终极性呢？你现在问一下自己：我需要什么？可能我们会说，我们需要爱情，我们需要房子，我们需要汽车……然后问：我需要这些东西，目的是什么？目的是我想要幸福。有了这些东西我可以幸福。所以其他东西都是手段，只有幸福才是目的。这就是终极性。第二是幸福具有自足性。什么叫自足性呢？就是说有了幸福之后，实际上我们就不需要其他的东西了。现在你问我：陈老师，你有了什么？我说：我已经有了幸福，我很幸福了。再问：陈老师，你还需要什么呢？我觉得差不多了，我有了幸福。所以幸福能够给人一种满足感。第三是幸福有动力性。为了幸福，我们可以付出努力，追求幸福可以激发人的潜能，使人朝着某个方向去努力。

基于这样的原因，我们思考用幸福来引领教师改变自己的生存追求，改变自己的生存状态，引导教师让整个生活变得更有意义。这也是在以人为本的背景下，一个继续教育工作者对教师的现实关怀。

工作本身就是生活

主持人： 有位老师这样说："我的工作非常紧张，陈教授既然谈到幸福这个话题，我也非常想追求。但是紧张的工作、学习、做饭、做家务以及接送孩子这些事情压得我喘不过气来，我要怎么追求幸福呢？"

陈大伟： 诺贝尔文学奖获得者、法国存在主义小说家阿尔贝·加缪写过一篇《西西弗斯的神话》。故事取材于西方的神话。西西弗斯受到上帝的惩罚，上帝让他将一块巨大的圆石从山脚往山顶上推。推到山顶，在西西弗斯转身时，这石头又滚到了山下。西西弗斯又得从山脚下把它推上去。可以说，上帝的惩罚意图很明显，是要用这种毫无希望的艰苦劳作，让西西弗斯屈服，让西西弗斯感觉到痛苦。这是惩罚他的一种方法。但是，在加缪看来，"这块巨石上的每一颗粒，这黑黝黝的高山上的每一颗矿砂唯有对西西弗斯才形成一个世界。他爬上山顶所要进行的斗争本身就足以使一个人心里感到充实。应该认为，西西弗斯是幸福的"。当西西弗斯每走一步都欣赏自己的力量，欣赏自己的创造时，在不把这种劳动当成痛苦而是当成一种审美对象时，加缪认为"西西弗斯是幸福的"。

我想，我们人生可能充满了痛苦，在创造幸福的时候，我们需要学习如何面对苦难。在苦难面前，我们需要西西弗斯的精神，这种精神就是让我们把痛苦劳作看成一种英雄的创造，看成一种审美的对象，在这个过程当中，体会劳动的快乐。这个时候，劳动就不是压榨我们的苦役，而是一种享受和创造。

当然，还需要研究如何更有效地利用时间，如何对一些并不太重要的事不要花太多的时间。

主持人： 陈教授曾经有这样一个观点，工作本身就是生活。这与您刚才讲的那个故事有没有联系呢？

陈大伟： 肯定有联系。这个联系是什么呢？我曾经问过很多老师，包括也问我自己，工作是为了什么？工作是什么？很多老师包括我自己原来的回答是，工作是为了生活。这个话对不对呢？肯定也对。因为我们的生活需要工作。比如说，你不工作谁给你工资？没有工资怎么满足吃饭穿衣的需求？怎么尽当父母当子女的责任？没有工作，我们难以生活。

工作为了生活本身有道理。但是，我自己认为，如果仅仅把工作看作是为了生活的话，那工作就成了生活以外的东西，就是为了生活我不得不工作。事实上，除了这种关系以外，我还认识到另外一个现象，那就是"工作本身就是生活"。

怎么理解这句话？比如说今天下午我在这里和各位网友交流，我们把它看成工作。从下午3点到4点半，这一个半小时过去，我在干什么呢？我在工作。但是，我和老师经常开这样的玩笑：在这一个半小时中，上帝或者阎罗王会不会聚在一起开会商量，本来给陈大伟 72 岁的寿命，他今天又工作了一个半小时，我们再给他的生命增加一个半小时？有没有这种可能？没有。由此我们体会到的东西是什么呢？我们体会到的是工作过程是我们生命流淌的过程，是我们生命消逝的过程。工作本身就是生活。

我是从 1999 年开始慢慢明白这个道理的。当我想明白这个问题的时候，我开始像热爱生活一样热爱工作。我要让我的生活更幸福，就要努力让我的工作更愉快，更充实。为什么？因为工作期间，是我人生最宝贵的一段时间。比如说各位网友，你们想一想，你们十七八岁或者 20 岁多一点走上了教育工作岗位，到 55 岁、60 岁退休的时候，这段时间你们在干什么啊？清醒着的时候，你们绝大部分时间都在工作。在这三四十年中，你们在工作着，其实也在生活着。

一方面工作本身就是生活，另一方面工作又是人生存和发展实现自我的一种方式。我体会人生存生活的方式就是两种：第一种是内化。什么是内化啊？内化就是占有和享有他人的劳动成果、文明成果，在占有他人的劳动成果、享有他人的文明成果的时候，实际上我们在保存自己，丰富自己，改变自己。比如说：我们都穿着衣服，衣服是谁做的？不是我们自己做的，我们在占有他人的劳动成果，保存我们自己。我们今天中午吃了饭，饭是谁做的？是他人做的，我们享有了他人的劳动成果。各位网友，说句不客气的话，我们今天在这里交流，交流过程当中，如果你觉得我说的话对你有些帮助，那么你也在占有我的文明成果。占有我的文明成果目的是什么？就是充实自己，改变自己。内化可以使自己变得有力量，这就是学习和成长的意义。第二种生存方式是外化。外化是什么？外化就是人在内化的过程当中，人在成长当中，总要通过一定的实践活动来表现自己、实现自己。人活着只内化不外化，那就有了骂人的话"养一头猪还可以吃肉"，你只占有享有他人的劳动成果却没有一点贡献感、没有一点成就感，那么你做人就会感到一种缺失。这样，工作就是一种外化，一种生存和实现方式。

中央电视台有个公益广告叫"帮助别人快乐自己"。为什么帮助别人快乐自己啊？因为在帮助别人的时候，证明自己活着有价值、有意思。从这种意义上认识我们的工作，你就会意识到工作是我们生存的一种方式。现在想一想，你能不工作吗？

很多时候，我问自己的学生："同学们，你们工作都是为了什么啊？"同学们说为了挣钱。我说："同学们很直爽，很好。现在请大家做白日梦，假设你现在中奖了，中了500万，然后认真想一想，有了这500万后还想不想做事，想不想通过工作和实践来实现自己的价值。"大家的回答都是还要做事，还要工作。这样看来工作就不只是为了钱，更多的是要实现自己。

这就是我的体会：工作本身就是生活，也是基于这样的原因，享受工作中的快乐也就是享受幸福的生活。

幸福是个人内在的主观体验

主持人：陈教授讲得真是太好了。在刚才的一席话中，陈教授就工作和生活的关系给我们作了讲解，我理解，工作时要在工作中找到快乐和幸福，不要把工作看成是一种压力。下面各位老师可以就今天的话题向陈教授提问。

陈大伟：我看到"春风化雨"老师留言说："其实幸福是一种感觉，对同一件事不同的人会有不同的感受。"我很同意，就这个问题我想和各位老师交流一下，其实这个问题涉及对幸福的一种理解。

怎么理解幸福，怎么看待幸福？

现在请各位网友，在一张纸上写下你对幸福的需要和理解，如果你身边还有其他人的话，也可以让他写。我们相信，把所有人的答案拿出来看，很难找到完全一致的回答。这说明什么？实际上不同的人对幸福的需求是不一致的，认识也是不一样的，这是第一个问题。

第二个是幸福同时和心情相关，还和对事物的认识看法有关。我们原来有个观点，就是说环境影响人，比如说某一种环境使人产生一种感觉。比如阳光明媚，柳暗花明，人走在这地方感觉很舒服，这是环境塑造人、影响人。

但环境并不起决定作用。假如把环境设成A，心情设成C。是不是有了

A，就一定产生 C？不一定。就比如说阳光明媚，柳暗花明，当挽着心爱的人儿，走到这个环境中，人是什么心情？然后再想，当对方走了，一个人走在这个环境中，形单影只，又会是什么感觉？所以在 A 与 C 之中有一个人的认识和人所选择的视角 B。你的认识和视角选择会影响你的心情，决定你的心情。

同一件事不同的人会有不同的感受，它对创造教师的幸福生活有什么启示呢？外在环境和条件也重要，但最重要的还是要靠自己。就我们自己而言，第一是我们要认清什么是幸福；第二是要学会感受幸福，需要调整自己的心情；第三要有能创造幸福的能力和水平。这就是我们要和各位老师讨论幸福生活的价值和意义。

主持人： 听陈教授对"春风化雨"老师的问题的解答，是否可以这样说，幸福的感受是一种内在的认知？

陈大伟： 我认为，幸福就是个人对现有自己生存状况的主观体验。

有网友问："陈老师，你就不知道我们的学生有多差，我们的工作环境有多差有多困难，你说我会幸福吗？"2004 年就有一位老师提出了这样的问题。这位老师的学校原来是师范学校，后来转成了普通高中。在转成普通高中的时候，这所学校在应试教育方面一时不能和那些老牌的重点高中竞争，所以他们的生源很差。在生源很差的时候，他说："面对这么差的生源，你说我们怎么教。告诉你，每节课我还没有走进教室我就想着怎么出来，我能幸福吗？"

我说：我能理解你的痛苦，但是日子还要过，你还要寻找幸福。我问他：你知道我会怎么看吗？我会想多亏有了这些学生。你想想，如果没有这样一些学生或者说这些学生学习都很好，都被重点学校招走了，你们学校招不到学生怎么办？你恐怕会想调动。调动不容易啊，多麻烦啊，要动用人际关系，说不定还要送礼。有些老师可能说我不调动，但这就要面临一个工资和奖金保障的问题。因为你已经没生源了。现在你有学生，工资有保障，说不定还有奖金，用不着时刻惦记"明天的早餐在哪里？"他说："陈老师，要按你这么说，那还有什么想不明白的啊？"我当时就反问他："你要是不这么想，光想着痛苦对你有什么好处？"

人幸福的方法有很多。其中一种方法是把人幸福的时刻放大延长，把痛苦的时刻压缩变短。我爱和老师们交流这样的生活经验：在周围都是高山环绕的时候，你大声地骂一句"你笨蛋！"，结果是什么，是此起彼伏的回骂"你笨蛋！……"相反，要是你热情地呼唤"你好啊！"，那周围也会对你热情地呼应"你好啊！……"我想，说不定我们在抱怨"你们这些笨蛋，我怎么遇到你们啊，我真倒霉"的时候，学生可能在这样想："全国那么多的好学校需要好老师，你为什么不能去？你也只配留在这个学校教我们这些笨蛋学生。"

遇到这样的情况，不如换一种心态：我们都在这个学校中，我信任你，尊敬你，我们一起共渡难关。其实，很多事例可以证明，我们认为学生笨并非学生真的笨，而是我们的视野、标准和习惯性的看法把他们归在了笨的这一类。尊重他们，重视他们，给他们一个机会，他们往往会还我们难以预料的欣喜。

转变到什么地方去？"阳光心态"！什么叫"阳光心态"？大家不妨想象这样一种情境：假如我们在一个山村里边，周围都是泥泞的路，你在一个屋子里待了十来天，外面一直是连绵的阴雨。这天傍晚，天晴了。从窗户看出去，你如果看到满天的星星，你心里想，哎哟，终于晴了，明天可以出去大干一场了，你对明天是什么样的心情？你可能充满期望和感激。但有的人不这样看，他们喜欢向地上看。这一下麻烦了，他们想，在屋里憋了这么多天了，好不容易才可以出去，十多天阴雨不知道外面多困难，由此抱怨和沮丧。想一想，你愿意看星星，还是看泥泞？你要学会找幸福，而不要老是找不痛快。

我这里有一首诗，是我的朋友周雪峰老师写的，很有意思，我给大家念念。

阳光真好

阳光真好
让骨头硬起来
让胸膛挺起来

让头颅昂起来
对着自己说一声
我们伟大
我们爱

阳光真好
让眼睛亮起来
让胸襟大起来
让境界高起来
对着世界说一声
我们智慧
我们爱

阳光真好
让心情爽起来
让柔情淌起来
让激情燃起来
对着孩子说一声
我们快乐
我们爱

学会体验幸福

主持人：对刚才陈老师声情并茂的朗诵，我自己情不自禁地鼓起了掌。
陈大伟：这个掌声应该是献给周雪峰老师的。
主持人：线上的老师这时不仅有了问题，也有了感受。我给大家读几位老师发上来的信息。"石榴籽"老师说："我对幸福的认识：幸福既是经历蛹的挣扎变为蝴蝶时的感觉，也是回首时对过程的欣赏。""一介书生"老师说："环境影响心情，所以学校应该给教师创造一种轻松愉快的教学氛围和环境。""e百句"老师说："学会在寂寞中体验幸福是很可贵的，远离功利世俗，在其中能找到幸福，是高层次的人。"

陈大伟：谢谢各位老师的参与。

有老师在问教师幸福感更多是来自精神上还是物质上。我自己的思考是幸福感最终要在精神上实现。物资可能是基础，但物资并不能最终决定你幸福，本质还是精神上的。

有老师在问："学校的管理理念和方法会影响老师的幸福感。该怎样去面对？难道只是用积极乐观的阳光心态或阿Q胜利法？"对这个问题，我自己认为：第一，我们追求幸福要调节自己的心态，阿Q的精神胜利法有时还是很有作用的。第二，教师要有创造幸福的能力。所谓创造幸福，就是在适应环境中感受自己的成长和进步，以及在创造性劳动中带来的快乐，等一会儿我会专门就这个问题和大家探讨。

"玩转江山"老师提出："教师应是一种使全人类变得更加美好的职业，没有理由不幸福。"这里我想和大家讨论一下，教师职业为什么更能给人以幸福。

我写了一本《创造幸福的教师生活》，原来的题目是《创造教师的幸福生活》。但是后来我想：教师的幸福生活涉及方方面面，比如说住房、金钱、爱情……谁能给教师创造啊？因为有些外在的物资靠教师自身的努力是难以获得的，比如希望工资达到3000元，就不能完全取决于自己。所以后来决定用《创造幸福的教师生活》做书名，我谈的是在教师专业生活过程中创造幸福。也就是说，我们主要想讨论如何获得幸福的专业生活。

又有朋友在说："古人说穷不教书，富不习武。教书的有什么好啊？"我们现在就来讨论一下我所体会到的教师幸福。

比如，现在我请你拿出自己的手机，我想问："你知道这个手机是谁造的？"可能都不知道。再问："你手中的笔是谁做的？笔记本是谁做的？"我可以肯定几乎没人能回答出来。换一个问题，我问："各位老师，你在小学时哪个老师对你好？在初中时哪个老师对你好？你能说出来吗？"在线的老师或许都能说出一两个名字来。用这样的例子，我想说什么呢？——教师更能永远活在人们的心中！

我自己并不因为自己当老师就轻视别的其他行业的劳动者，每一个行业的劳动者，只要他在劳动着，并为社会作出贡献，就应受到尊敬，职业没有地位的高低和贵贱。但我又认为，当你自己选择了一个职业的时候，你就一定要认识这个职业的意义和价值。我是当教师的，我就要寻找教师这个职业的意义和价值。

有的老师要说：我死都死了，还管什么活在人们心中。可是我要告诉各位老师，德国哲学家海德格尔有一说法是"面死而生"，也就是只有到死的地方看一下你才能知道怎么清醒地活。

人没法体验死，但人有认识死的方法。林黛玉的《葬花词》"尔今死去侬收葬，未卜侬身何日丧"，让我们知道人是早晚要死的，我们每一个人都要死。而"侬今葬花人笑痴，他年葬侬知是谁？"则在思考自己死了别人怎么看待自己的问题。由此的思考是该如何活，这就是"面死而生"。

我看过一部电视连续剧是《阳光丽人》。说的是在一个大型的商场里面，客服部一群导购的"阳光丽人"的故事。商场有一个行政部，行政部向部长经常和"丽人们"过不去。有一次"丽人们"对向部长提出"我们每天做导购挺累的，希望能给我们安排一个工间休息室"。她们本来想向部长肯定不答应。可谁知向部长不仅爽快答应了，并且还说会在休息室里准备放松器械供大家使用。女孩们就很惊讶，不知道向部长今天怎么这么好。后来知道，原来是向部长拿错了体检报告单，以为自己是癌症晚期，这时他在想，趁着现在活着，抓紧时间做点好事……

由此也想一想，我们自己光看到别人死没想到自己也会死，也就没有认真想过自己在死之前（也就是在活着时）要做些什么留下来。这样，到底该怎么活也就没有认真想过。

活着做一些有意义的事，死后别人就会更好地记住你。在中国传统里，儒家要讲"三不朽"，也就是生前"立德，立功，立言"，死后就可以"三不朽"。著名相声演员马三立先生已经去世了。生前有人问他为什么叫马三立，马三立先生说父亲希望他"立德，立功，立言"。现在我们如何记住马三立先生？就是《逗你玩》。《逗你玩》是马先生活着的作品，我们记住了他的作品也就记住了这个人，他就在一定程度上得到了永生。

我个人认为，我们做老师的就有这种优势，天天和学生接触，你对他们好影响了他们，他们就会记住你，当然这是从自己个人的角度来讲。从对学生的影响讲，其实老师更能影响学生的人生和生活。我自己觉得没有什么比这个使我感到更幸福，那就是一些人因为你的努力，他们的人生正向积极和进步的方向转变和前进。

怎么看待理想与幸福的关系

主持人：刚听了陈教授真诚的发言，感到陈教师很坦荡。现在，请陈教授谈谈怎么看待理想与幸福的关系。

陈大伟：应该说，幸福是人在实现自己理想愿望时产生的精神愉悦感。就是个人有理想，经过努力实现了，在追求过程中和满足的状态下产生了愉悦感。这就有了一个新问题，那就是理想与现实之间的关系问题。诺贝尔经济学奖得主萨缪尔逊教授曾经依据经济学的专业知识，提出了一个幸福公式：个人幸福＝物质财富／消费欲望。

我们这里把理想分成两个讲：一个是工作理想，一个是生活理想。肯定地说没有好的生活基础和环境，人的幸福质量是要受到影响的。但是对好的生活基础条件存在过高的要求，又往往使追求理想的行为归于失败。有时候之所以不幸福，是因为我们放大了自己的欲望，对欲望不加控制。

第二个是工作理想。有一次去遵义和老师们交流，晚上有老师和我聊天，诉说自己的痛苦，说："自己想干事可学校环境不允许，想搞素质教育但应试教育压得我透不过来气，学校的环境我难以适应……"我就跟他说，这真是应了一句话："有理想的人很痛苦，没理想的人很平庸。"

人需要理想不？当然需要了，人就是为了理想和希望活着的。但人要为自己的理想找一个合适的位置，人不能改变世界，重要的是你在参与改变世界，你在为社会的发展和进步做着你的事。这就够了。

如果作为一个中小学老师，我的理想就是"让孩子们蹦蹦跳跳上学，高高兴兴回家"。面对学生，尽你的可能在课堂上做你的事情。古人说："尽己力而谓之忠。"你对教育、对学生已经竭尽你的努力了，就是做忠诚于人民的教育事业了。

陈大伟：有个叫"跳蚤"的老师在提问："你对生活和工作有激情吗？"

审视现在的状态，我自己认为现在还有激情。

"一介书生"提问："陈教授的痛苦来自哪里？"我想：我的痛苦也来自有欲望，比如说想干些事，使自己生活得更好一点，而很多时候自己的愿望不能实现。这样，为了避免痛苦，我首先就需要调节自己的欲望。

如果有了痛苦怎么办？我要认真观察自己的内心状态和需求，通过调节使自己尽快从痛苦中走出来。

有网友说："没有痛苦的人生是不完满的人生。"我同意这个看法。但是人如果始终活在痛苦中，这样的人生谁也不想过。所以，我追求幸福，致力于自身的幸福，我也希望我对幸福的看法可以给各位老师一些启发。

获得幸福需要能力

陈大伟："涟漪"老师说："感受幸福也是需要素质的，有幸福智商这个提法吗？"首先，我要对"涟漪"老师说对不起，因为对幸福智商这个说法，似乎在脑海中出现过，但我记不住在什么地方看见过了。

我自己同意这个看法：获得幸福也是需要素质，需要能力的。它需要哪些能力呢？第一是要正确认识幸福，知道幸福是什么，主要是外在的还是内在的。第二是要学会感受幸福，不要明明你很幸福，很多人羡慕得不得了，你还觉得不幸福，明明比过去好多了，你却体会不到。第三要有创造幸福的能力，高层次的幸福要自己去创造。

陈大伟："一介书生"提问："陈教授，问一个问题：您是愿意做一个普通教师呢，还是愿意做一个继续教育工作者呢？哪一个让您更幸福？"我的回答是：在什么样的工作岗位上我都会去追求享受幸福。当校长的时候，我觉得当得很幸福，虽然遇到了很多麻烦，但学校有了很大改变，现在想来还在为自己骄傲和幸福；我当老师也享受到了当老师的幸福，这是和学生接触、交流的幸福；现在做继续教育工作者，我也要为自己寻找幸福，比如现在各位老师看到我坐在这里，愿意向我提问题，而且还给我鼓励，这也使我感到幸福。前天，付永桥老师在交流时说："陈老师，我看了你的《创造幸福的教师生活》后，我的网名改了，叫快乐人生。"这就使我幸福，因为我的想法对大家的思考和心态调整有帮助。

主持人：我看到了一个叫"东东"的老师在提问："我们应该学习一些什么能力去调整心态呢？需不需要学习？还是只是反思就可以获得幸福？"我也想问，陈教授您是怎么去感受和创造幸福的？

陈大伟：2002年，我从四川省绵阳市涪城区教师进修学校校长的岗位辞职下来，一个人到了成都教育学院，我父亲不放心我，就给我打电话问我情况怎么样。我就告诉他，在上班的路上，我感觉哼歌上班的就只有我一个人，请他不要担心。我的幸福从两个方面寻找：

第一，我把自己现在的学习成长当成幸福。我住在七楼，有一天，六楼有个邻居看到我，很同情地对我说："唉，又去上班啊！天天都这样。"各位老师，我们想想自己像这样叹过气没有？国庆大假到10月7日，你是不是在叹气："唉，又要开始上班了？"面对邻居的叹气，我在想，你不知道今天我很幸福。之所以幸福，是因为我这一天早上看到了一句话，想到一个成语。这句话是多尔在《后现代课程观》中写的："如果后现代教育学能够出现，我预测它将以自组织概念为核心。"这句话给我很大的触动，也让我欣喜，因为我找到了引导老师学习的有效方式，找到了老师们在课堂改革中应该有的追求和方向。而想到的成语则是"杀鸡儆猴"。为什么高兴呢？因为对如何给老师讲明白"生物系统是自组织的系统"，我一直没有好的办法，那一天我想到了。你看，杀的是鸡，但让猴子看，警告猴子，于是猴子就知道收敛自己、调整自己，猴子调整自己的时候就是一个自组织的行为。用这个成语给老师们讲不是很有意思吗？我就盼望着有机会和老师交流了，上班就成了期盼。

各位老师不知道你们有没有这样的经历：当我们正在苦思冥想一个教育问题的时候，突然一下想明白了。这种明白会不会给你带来幸福？这是我寻找的第一种幸福，它是一种内化的幸福。

我提出的观课议课，正在慢慢扩大影响。比如，我在观课议课时，并不只把进课堂用于考察老师、讨论教学，而且在听课中尽可能多地收获。在听《井底之蛙》的时候，我就在想自己是不是井底之蛙。当我意识到自己也是井底之蛙时，我在思考我们的"井"是什么，一是身处的"环境"，二是天天坐在井里，认为"天只有井大"的经验，跳出环境的"井"需要行万里路，跳出经验的"井"应该读万卷书。我们为什么永远住在"井"中呢？当我们努力一跳，跳出这个"井"，外面是一个稍微大点的"井"，再跳还有"井"……人永远处在"井"中。但是我们终究是要跳的，因为我们是人，这种跳是一种突破和超越。这是自己在观课中得到的收获，有了这种成长收获，就会获得一种心灵的震颤，是触摸到某种真理后的快乐。

第二是外化的幸福。1992年，我当了高完中的校长，因为喜爱教学。喜欢当老师，所以当校长时还坚持要上课。其实，校长上课要比老师上课有更多的困难，因为很多事情来了校长都要去接着。有时刚要备课的时候，电话就响了，说什么什么事情……所以很多时候我没有时间去写"形案"——写在备课本上的教案，但上课之前我一定要形成自己的"心案"——自己心里想出的教案。我想的"心案"总是努力在三个方面有所改变：一是有没有新的内容可以补充？二是是否可以调整教学顺序，改变课堂结构？三是是否可以创新教学方法？在改变和创造中，去感受自己的力量，去发现自己在改变和创造中所带来的东西。如果我们的改变和创造有了好的效果，对学生的成长有了新的意义和价值，自己会觉得很满足。

在外在条件无法改变的时候，这个时候教师能不能找到幸福？我认为还是可以找到的。找到的是什么呢？你想再进步并体会学习的快乐，你想改变教学把书教得更好。这两个东西没有人能够剥夺你，你可以在其中获得幸福快乐。

新进来的一个老师又在说："陈老师，你说的那些我们也想过，可是我们的学生太难教了，问题太多了。"其实都很难。佛语说："我佛慈悲。"什么叫慈啊？我以为就是关爱，关心别人的处境。即使法力无边如佛，也难以解脱众生痛苦，所以他要"悲"。悲是什么呀？悲是怀有一种怜悯之心。所以，首先是爱，然后是尽力，这里的尽力也包括尽力学习和提高，尽力改善。付出努力而无愧于心，你就可以享受幸福了。

教师的幸福生活来自不断成长

陈大伟："细雨"老师说："教师的幸福生活来自不断成长。"我同意这样的观点，有很多案例，都可以证明教师的幸福与否取决于是否有能力游刃有余、得心应手地生活。如果有，你就是幸福的；如果缺乏能力，你的生活幸福就很困难。我给学生讲师德时说，讲师德不是动员你去当老师，教师需要有能力的人和自觉自愿的人，没有能力水平的人当教师，你受苦，学生也很痛苦，不如你去找适合你的幸福，让有能力水平的人喜欢教育的人来干。有的老师说："你说得那么容易，现在工作那么难找。"既然这样，那就好好在这里干，使自己幸福。

主持人：刚才陈教授用很有趣的例子给大家阐述了很深的道理，我怀着恭敬的心态聆听陈教授的发言，受到了很大的启发。他说幸福来源于工作，在改变和创造中看到自己的力量，这一观点得到很多老师的认同。"细雨"老师说："从创造中感受自己的幸福，感受自己的力量，这就是幸福。"

"天上的虹"老师在提问："幸福是一种感觉吗？学生有了好成绩，教师很高兴，这是不是一种幸福？"

陈大伟：这肯定是一种幸福，所以我们教师要在生活中寻找这种幸福。

但如果学生没有好成绩，老师会不会幸福？这里有一个结果和过程的问题。刚才我们在谈《西西弗斯的神话》，仅从结果看，西西弗斯毫无希望。但当目光从结果转向过程，西西弗斯赢得了胜利。有些时候，其实我们尽力就好。面对学生，我们需要凭借良心审视，自己是否充分利用了自己的心力和智慧。如果你充分利用了自己的心力和智慧，尽管学生的成绩不好，但学生在你的影响下，有了进步和成长，老师也有理由高兴，也应该感到幸福；另外，也要相信改变，无法达成理想的效果，但改变还是在经常发生的。

主持人：谢谢陈老师的回答。罗向英老师提问："陈教授，您如何看待教育中的腐败现象？"

陈大伟：挪威戏曲家易卜生有一句话："每个人都对他所属的社会负有责任，那个社会的弊端他也有一份。"说实话，教育中是有腐败现象，但我自己更多的是看光明。因为有光明，所以我觉得我的工作和劳动成果有价值，没有被腐败掉。如果你光看到腐败，那么就会感到自己的劳动也被腐败掉了，就会失去动力而随波逐流。所以，我更愿意阳光地看待社会，这是其一。其二，每个时代都有自己的困难，每个人也都有自己的处境问题，我们不可能在一个没有问题的时代中生活，所以我们的任务是尽自己的能力为这个社会的进步努力，贡献自己的力量去解决问题。这是我的看法。

为了教师的批判精神 ①
——关于"观课议课文化"的对话

"我对评课文化有看法"

记　者： 陈老师,我发现您主持的研讨活动很有特色,敢于直面问题,又使人思考良多,总觉得您想要改变什么。您是否对此做过相关研究?

陈大伟： 对,作了一些思考吧。说实话,我对目前的"评课"文化很有看法。从1997年开始做教师培训的工作,在听课评课问题上,有几件事情对我影响比较大。

1999年一位农村中学教师打来电话,抱怨进修学校的老师调研听课后,当着学校领导的面说了许多问题。她说:"你们高高在上,又不理解实际情况,提的意见根本做不到。领导后来就说我水平低。"这件事迫使我思考如何在听课评课中尊重中小学教师,如何给他们有实效的帮助。

2001年我去听课,有一所中学年年搞优质课竞赛、展示,我参加了几次,感觉变化不大,于是我问校长:"与几年前比较,现在的课堂教学有了什么进步?"校长仔细想了想,最后只说:"运用了多媒体。"在中小学,听课评课不仅参与面广,而且耗时很多,效益不高,浪费的不仅仅是大量的时

---

① 刊于《人民教育》2006年第7期,访谈记者余慧娟。

间和金钱，还包括宝贵的热情和积极性。当时我想，提高听课评课的效益事关重大。

2004年《人民教育》组织了关于"评课，究竟谁说了算"的讨论。其实，要讨论"谁说了算"，首先应该明确"什么是'算'？""怎么才'算'？"我认为，中小学教师参与听课评课的主要目的是为了实实在在地改进教学行为，提高课堂教学的水平和质量。因此，看听课评课活动是否有效，主要看是否对教学实践产生影响以及影响的程度。而教师是否用于实践，并不取决于评课者说了什么，而是取决于他们认同了什么，接受了什么。这样，用他们接受的方式，围绕他们更容易认同的内容和话题讨论课就成了解决问题的关键。

驱动我们研究观课议课还有一个重要原因，那就是在2004年前后，"以人为本"的话语成为时代的主流话语。要实践"以人为本"，就需要落实在教育教学的各个方面，包括听课评课。

文化与灵魂的变化

记　者：我注意到您刚才提到"观课议课"，这一提法有什么特定的含义吗？与"听课评课"有哪些实质性差异？

陈大伟：列奥·施皮泽有一个观点："词的变化就是文化的变化和灵魂的变化。"从"听课评课"到"观课议课"不只是换了一个词语。

观课与听课比较，"听"指向声音，"听"的对象是师生在教学活动中的有声语言往来；而"观"强调用多种感官（包括一定的观察工具）收集课堂信息。在多种感官中，"眼睛是心灵的窗户"，透过眼睛的观察，除了语言和行动，课堂的情境与故事、师生的状态与精神都将成为感受的对象。更重要的是，观课追求用心灵感受课堂，体悟课堂。

评课与议课比较，"评"是对课的好坏下结论、作判断；"议"是围绕观课所收集的课堂信息提出问题、发表意见，"议"的过程是展开对话、促进反思的过程。"评"有被评的对象，下结论的对象，有"主""客"之分；"议"是参与者围绕共同的话题平等交流，"议"要超越"谁说了算"的争论，改变教师在评课活动中的"被评"地位和失语现状。评课活动主要将"表现、展示"作为献课取向，执教者重在展示教学长处；议课活动以"改进、发展"为主要献课取向，不但不怕出现问题，而且鼓励教师主动暴露问题以获得帮助，求得发展。评课需要在综合全面分析课堂信息的基础上，指出教学的主要优点和不足；议课强调集中话题，超越现象，深入对话，促进理解和教师自主选择。如果说评课是把教师看成等待帮助的客体的话，议课则把教师培养成具有批判精神的思想者和行动者，帮助他们实现自身的解放。

概而言之，观课议课是参与者相互提供教学信息，共同收集和感受课堂信息，在充分拥有信息的基础上，围绕共同关心的问题进行对话和反思，以改进课堂教学、促进教师专业发展的一种研修活动。

观课议课主要适用于日常的教研和教师培训活动，学校是最适宜的场所，教师是其中的主体和主角。日常性、普遍性、一线老师参与，这既是观课议课的主要特点，又是它的意义和价值所在。

从听课评课到观课议课，更多的是一种新文化的建构。如果把文化看成一个人群共同认可的价值观念和在这种价值观念影响下相对一致的行为方式，那么文化的产生过程就是形成、认可价值观念并外显为行为方式的过程。构建观课议课文化也就是探索和认同观课议课价值理念，形成相对一致的观课议课方式。

记　　者： 看来常挂在嘴上的"听课评课"里，还真蕴藏了我们习焉不察的文化假定。一个"观"字提醒我们要全面收集课堂信息，一个"议"字把教师作为专业主体的地位突显出来。然而"文化与灵魂的变化"现实空间很大。怎么"观"、怎么"议"才能改进课堂教学，促进教师的专业发展？

陈大伟： 首先，议课要议出联系。杜威曾说："一个孩子仅仅把手指伸进火焰，这还不是经验；当这个行动和他遭受到的疼痛联系起来的时候，这才是经验。从此以后，他知道手指伸进火焰意味着烫伤。"

课堂教学是教师整体专业素质的体现。在课堂上，教师的教育价值观念支撑和影响教的行为，教的行为引起和转化为学生学的行为，学习行为直接导致和影响学习效果。这种关系是客观存在的，当教师没有认识它的时候，改变也就失去了基础。观课议课的首要目的,是帮助教师认识教育观念、教学设计、教的行为、学的行为、学的效果之间的具体联系,从教师行为和学生行为的核心环节入手,反思教育观念,改进教学设计,追求更好的学习效果,实现教师专业素质整体发展。

在语文课上,老师刚挂出小黑板,大多数学生就开始读小黑板上的儿歌。看见学生读得很不整齐,老师发出指令:"一二三……"指令一出,同学们立刻放弃朗读并紧紧接上话头:"一二三,要坐端;三二一,坐整齐。老师叫我怎么做,我就怎么做。"背诵完毕,课堂自然安静。老师接着说:"今天,我们学习'人有两件宝',现在老师先读一遍,然后请同学们齐读一遍。"老师读完学生读。学生读完,老师提醒学生:"'脑'字是鼻音。"刚一说完,学生立刻摇头摆尾地"nǎo, nǎo"练习起来,老师认为课堂乱了,又来了一遍"一二三……",然后让一位同学范读,最后组织学生声音整齐地练习"nǎo, nǎo……"

议课前,这位老师在学生的"自发朗读"行为后面看到的现象是纪律嘈杂,于是采取了"一二三"的指令维持纪律。对这个行为的结果,老师只看到课堂纪律安静了,却没有想到,学生开始的练习是一种发自内心的学习冲动,是学习的内在动机在支持,而把学生纪律整顿好后的练习,却变成了外在的要求和强制。这样的纪律管理不仅影响当堂内容的学习效果,而且也会使学生逐渐滋生消极等待的心理和行为,并最终丧失主动探求新知的热情。

议课时,共同回顾这一教学情节后,我们以"课堂纪律管理的目的是什么?""两次'一二三'前后,学生的学习性质有什么差异?""教师的纪律管理起了什么作用?""当学生处于自发的、积极主动的学习状态时,教师应该干什么?"等问题展开讨论,帮助老师认识和建立了新的观念、行为、效果之间的联系。教师认识和理解了新的联系以后,在同样的情境下,他选择的行为是"积极地旁观"。

其次,议课要议出更多的教学可能性,拓展可能性空间。教学可能性空间是多种教学路径、方法、行为、效果等发展变化的可能性集合。教学受多种因素影响和控制,具有发展变化的多种可能,没有唯一,只有多样。因此,议课既要认识已经发生的课堂事件只是一种可能,更要关注探讨新的和潜在的发展可能性。议课的任务不是追求单一的权威的改进建议，而是讨论和揭示更多的发展可能以及实现这些可能的条件和限制。议课的过程，是参与者不断拓宽视野，不断开阔思路的过程。

在了解和认清更多教学选择以后，教师可以自主选择更适合自己、更适合学生、更适合教学内容与情境的教学方式和行为。譬如食用鸡蛋，那就是使参与者在单一的传统的煮鸡蛋的食用方式基础上，再多了解煎、炸、炒、蒸等可能的方法，掌握相应的控制方法以后，自己根据需要自己煮，并不断创新。介绍煎、炸、炒、蒸的方法，不是否定煮鸡蛋的方法、丢弃煮鸡蛋的方法，只是多提供了一些选择，以满足加工者的不同特点，适应不同消费者的需要。

第三是观课议课要促进对日常教学行为的反思。有这样一节课：

开课时，看到听课的老师比较多，授课老师这样组织课堂："同学们，今天我们教室里来了许多老师，他们来干什么呀？"

同学们："他们来看我们上课。"

老师："那么，我们应该怎么上课呢？"

同学们："认真听讲！""积极回答问题！"……

课后议课，我们讨论了这样一些问题："学生认真听讲、积极回答问题是为自己，还是为听课的老师？""类似这种提问和要求多了，将给学生带来什么？"对这个问题的讨论引起了这位老师的反思。她说，昨天她和同事们交流，也觉得学生平常上课没有什么精神，而有其他老师来听课时，学习更为踊跃。对此，他们没有找到原因。她说，现在看来，这种引导可能引出了另外的效果。

观课议课强调以课堂为平台检视自己，反省自己，改进自己。课是平常的、普通的课，针对习以为常的行为，它追求对这些行为和背后的观念进行批判和反思，它强调透过表面行为直抵内心的价值观念和教育假设，通过深度挖掘使隐性知识显性化，通过深度对话帮助教师认识教育假设，更新教育观念。

现实的建构

记　者：在前面具体的观课议课活动中，我发现其中蕴含了很多具体的策略，您能否就此概括一下？

陈大伟：首先是"以学论教"，就是把学生的学习活动和状态作为观课议课的焦点，以学的方式讨论教的方式，以学的状态讨论教的状态，以学的质量讨论教的水平和质量，通过学生的学来映射、考查教师的教。

以学论教要求把观课焦点从教师转移到学生，把重心从关注教学活动转移到关注学习状态，从关注教育过程转移到关注课堂情境。从活动到状态，意味着要反对教学中的形式主义，提倡和追求有效教学；从过程到情境，意味着不仅要关注教师的教学预设，更要关注课堂教学中的种种生成，关注教师的实践性智慧。

要做到以学论教，需要观课者选取能直接了解和认识学生学习活动、精神状态的观察位置，也就是要坐在学生之间。观课议课不同于听课评课，评课是为了获得更客观的评课信息，主张不干扰学生学习。而议课是为了实现以学论教，需要获得学生学习的充分信息，它要求深入学习活动，探询学生学习的感受和体验。也只有深入学生中间，才能围绕学习活动和学习状态提出更有价值和意义的讨论话题和问题，才能使观课议课活动真正实现改进教学、促进学生发展的根本目的。

其次是"直面问题"。人是不完美的，但与其他物种比较，人知道自己不完美，承认不完美，努力追求完美，人的不完美现实与追求完美的实践是推动人自身不断发展的生生不息的动力。迈克·富兰说："问题是我们的朋友。……回避真正的问题是有成效的变革的敌人。因为我们必须面对这些问题并取得成效。"发现问题有利于认识不足并加以改进，暴露问题、认识问题、预测问题发展方向能提高教师发现问题、理解问题、应对问题和解决问题的能力。

直面问题既是观课议课取得实效的前提，又是推进工作的困难所在。在具体操作上，最核心的是激发教师专业发展的强烈动机，培养教师的自我批判和反思精神，使教师能始终"不满意"自己的教学并立志改进。另外，不能把教师在观课议课中的献课表现和讨论中的意见作为奖惩依据。"课"是研究教学、改进教学的载体，是献课者和观课者共同对话交流的平台，没有问题和困惑的课堂是不存在的，没有必要为课堂中的问题大惊小怪。第三是充分尊重教师的参与需要，致力于建设有利于围绕问题对话交流的语境，为教师创造安全的、能充分敞开的献课和自由发表意见的物理空间和心理空间。我的体会，最好的交流环境是一室之内两位朋友的促膝晤谈。第四是建设合作互助的教师文化，培养教师的对话交流能力，议课时针对现象，与人为善，赤诚待人。

第三个策略是"平等对话"。议课是一种对话。观课议课以参与者既平等又对立的主体间性关系为基础。这种关系不是自我省略与自我删除，对话者必须充分意识到自身的独特性，不轻易放弃自己的观点。同时，又强调对他人的尊重，同情地理解对方的行为和处境，在对话中看到他人，并保障他人发表意见的权利，认真倾听他人的意见，理解他人的立场和观点。将独立而平等的对话关系运用于观课议课，既要克服消极接受评判和批评的"小媳妇心态"，唯唯诺诺，不敢敞开自己的心扉，又要防止采取高傲的、拒人于千里之外的非合作态度，唯我独尊。要自信而不封闭，虚心而不盲从。

另外一个是"最近可能区建议"的策略。在教师需要建议的时候，议课要给教师提出教学改进的建议。这种建议不仅要尊重教师自身的实际和需要，而且要考虑学生的现状和基础，同时要依据学校的环境和条件。建议既要立足实际，又要走在实践的前面，以发挥引领和导向作用。比如，建议"先做减法后做加法"，也就是在建议增加某些教学环节和内容之前，先要就哪些环节和内容可以减去进行讨论，以提高建议的可行性和可接受性。

记　　者：如果将观课议课用于校本研修，有没有操作程序方面的建议？

陈大伟：一次完整的观课议课活动应该是一次完整的校本研修活动。大体而言，可以分成这么几步：一是观课前的沟通。沟通的主要目的在于了解献课教师的献课取向，并就观课议课的主题、方式、时间达成一致，以便获得共同的议课话题。根据观课主题和目的，观课者要作好观课工具的相应准备。二是课堂观察。根据观课需要，观课者携带观课工具进入现场。在观课活动中,观课者把关注焦点集中在预先设定的主题上,围绕相关主题尽可能全面地收集课堂信息,并梳理"行为""效果""关系推测和意见"等内容。三是课后议课。参与者平等对话,描述课堂中的现象,判断行为效果,探询教育理念,推测相关因素联系,提出改进可能。四是行动规划阶段。参与者要反省观课议课活动,明确自己的收获和体会,从中选择自己的改进行动,或者针对观课议课中新的问题和困惑,选择相关内容深入学习,或者再就相关问题准备下一次观课议课活动。

以人为本，有效优先①
——关于观课议课和小学数学教学的对话

【编者按】

2015年10月下旬，一篇《浪费教师时间和精力的培训，纯粹是形式主义》的文章，在教师们的微信朋友圈颇有刷屏之势。此文源自《中国青年报》2015年10月19日第10版，文章从纸质媒体到微信朋友圈本身就说明，一线教师对无效的培训可谓多有经历，感同身受。

虽然，我们不能简单地说专家的讲座都是没有用的，不能简单地说专家对教师的需求非常陌生，不能简单地认为培训只能关注教师眼前的问题。但，怎样让培训更接地气，怎样让培训既引领教师的理念又推动教师的实践？这无疑是每一个培训者以及设计、安排教师培训课程的相关部门需要考虑的问题。

由陈大伟副教授倡导的"观课议课"就是努力在理论和实践之间寻找一座桥梁。这一期，让我们领略"观课议课"的美丽，并思考作为一种教研方式的意义。

---

① 刊于《小学数学教师》2015年第12期，访谈者陈洪杰为《小学数学教师》特约副主编，当代教育家研究院副院长。

关注教师的教研情感需要

陈洪杰： 陈老师，2006年您在《人民教育》撰文首倡观课议课。快十年了，观课议课已经为越来越多的学校、教师实践和运用。我想问：观课议课和其他课堂观察、讨论的方法有什么区别？

陈大伟： 首先，观课议课学习借鉴了并且将继续学习和借鉴一切有价值的课堂观察与研究方法。其次，我没有去研究彼此之间的差别，我只是从实践的案例中觉得自己应该这样观课议课，观课议课的教研方式中小学教师可能更喜欢。

陈洪杰： 您刚才提到案例，我对案例很感兴趣，是什么样的案例？

陈大伟： 这样的案例很多。比如，在一次大型数学教研活动中，活动的设计是先由一线教师献课，然后是专家的点评和指导，第二天一线教师重新设计、重新上课。专家的点评很到位，也很有水平，与会的教师都期望有好的改变效果。但第二天一线教师上来依旧按照自己的想法献课，在课后的交流中逐条反驳了专家的意见，然后说："一线教师要走自己的路，让别人去说吧。"

陈洪杰： 您觉得问题出在哪里？

陈大伟： 我们也不能说一线教师就没有问题。但这种教研的方式是否存在问题，专家的处理和表达是不是存在问题，这些可能都需要讨论。

陈洪杰： 这是一种什么样的方式？您觉得专家的表达出了什么问题？

陈大伟： 就其方式而言，我以为这是评课的方式，而不是议课的方式，评课是对课作判断、下结论，议课是针对课堂现象和研究问题的平等交流与讨论。就专家的表达而言，这位专家对教学的理解是很有见地的，我们也绝不怀疑他期望帮助一线教师的良苦用心。但仅有良善的动机和对教学的见地是不够的，还需要研究人，理解人，从人的角度去选择表达和交流的方式。

陈洪杰： 我赞同您的观点。英国哲学家大卫·休谟在《人性论》中指出："显然，一切科学对于人性总是或多或少地有些关系，任何学科不论似乎与人性离得多远，它们总是会通过这样或那样的途径回到人性。"从人性角度讲，您对一线教师有怎样的认识和理解呢？

陈大伟：不止是一线教师，几乎所有的人都不是单一性的人。我们不能仅仅把教师看成理性需要的人，还要把教师看成情感需要的人。观课议课首先是把教师看成有情感需要的复杂人，而不仅仅是接受正确意见的理性人。

陈洪杰：这在情、理、法的顺序中，中国人通常是把情放在第一位的。

陈大伟：你这样说，观课议课倒像是有了中国文化的根了。但关注情感应该是东西方共同的关注，"情商"这个概念不是中国人提出来的，美国学者戈尔曼就说："不能识别他人的情绪是情商的重大缺陷，也是人性的悲哀。"

陈洪杰：不过，那位专家没有一味说好，而是提出改进意见，这也是有积极意义的。长处不说，逃不掉；问题不说，改不了。我们编辑部做"辩课"，有时给的意见也是挺"狠"的。

陈大伟：不是不说，而是要考虑说的方式、说的作用，要考虑别人听的感受、听的效果，要追求说话的有效性、教研的有效性。你说的东西别人不听，不愿意接受和改变，说了岂不是白说。

陈洪杰：但这样的意见对其他参与教师是一种负责，他们听得进去这就是教研的效果呀。

陈大伟：这种可能是有的。但有没有另外的可能呢？比如，下面的老师会不会这样想——"幸好我没有上这样的教研课，以后我一定不要上这样的教研课。如果要上，一定要预先排练到没有问题"？如果评课中一些看起来正确的意见却导致了老师不想上公开课，或者上的教研课是反复打磨的"假课"，这是不是有点得不偿失？

相比较而言，我以为，保护一线教师的参与热情和让他们上真实的课更为重要，这更应该优先考虑。

教育真理具有境脉特征

陈洪杰：看来，观课议课是更加关注教师参与教研活动的情感需要，满足他们的情感需要了。

陈大伟：这只是其中的一个方面。观课议课也关注对教育实践的真理寻求，只不过我们认为教学真理自有特点，比如，具有境脉特征。

陈洪杰：什么是境脉特征？

陈大伟：赵汀阳在《论可能生活》中说："规范的不可置疑性永远是情境性的。"这算境脉特征的一种表达。就教育而言，伟大的教育实践家苏霍姆林斯基认为："教育，就其广义的理解来说，这是一个受教育者和教育者都在精神上不断地丰富和更新的多方面的过程。同时，这个过程的特点是，各种现象具有深刻的个体性：某一条教育真理，在第一种情况下是正确的，在第二种情况下是无用的，而在第三种情况下就是荒谬的了。"一方面，认识、理解和表达对教育的意见都不能离开具体的情境；另一方面，教育不只是一节课实现的，学科教学有一个过程，有过去的基础、有未来的考虑，应该置于教育的历史和发展线索中认识教育、讨论教育。

陈洪杰：非常同意您的观点，就像算法多样化中的多样算法，教材中的标准算法常常是舍弃了具体情境、数据特征的"通法"，而具体的题目或情境却是丰富多彩的，需要学生灵活选择。同样，我们判断一个教学细节、一堂课，也要理解其设计的初衷和背景。那么基于对教育真理的境脉特征，观课议课有什么样的要求呢？

陈大伟：首先，每一个参与讨论课的人在课堂面前，都应该有一种谦恭的姿态，意识到自己并不具有真理的普遍性，自己的意见有一定的情境局限性，降低身段参与研究和讨论。其次，在流程方法上，要针对具体的课堂现象讨论。日本教育家佐藤学建议："在讨论中，最重要的是丢开一切抽象的语言，只说出自己对所观察到的事例的真实感受和具体事实本身。只要大家能相互交流自己朴素地感受到的一切，就必然能学到许多意想不到的东西。"先摆事实，后讲道理，没有事实不讲空洞的道理。再次，要尊重授课教师，要听取授课教师的说明，理解过去教过什么，后续的教育是什么，充分理解当下教学的选择，然后基于教学的既有基础和发展设想的整体框架进行交流和讨论。

陈洪杰：这倒是和我倡导的"细节思考力"非常像。或许教师需要这样的自信：课是有生命性的，而知识不是权威，是协商的结果，真理是此时、此地对此课的映照。

观课议课的适用对象和范围

陈洪杰：我还有一个问题，就观课议课的理念和方法，是不是也具有境脉性？

陈大伟：你这种理解很好。这里我想多说两句，当我们接受教育真理具有境脉特征的时候，我们就要知道，教育研究所发现的有效方法、模式，其意义在于丰富教育的实践选择，使教育有了更多的实践工具可以选择；但不能非此即彼，有了一种有效的方法就认为自己的理论和模式就可以包医百病。走进教室观察课堂有不同的目的，不同的目的需要不同的工具，观课议课适用于教研改进和教师专业发展的目的。

陈洪杰：呵呵，"包医百病"的必是骗子。您认为走进教室观察课，有哪几个方面的目的？

陈大伟：就我看来，大致有这几个侧重点不同的目的：一是以调查研究为目的的课堂观察，比如对一个区域、一所学校课堂教学现状（或教改效果）的调查，其特点是需要较大的样本，大量的观察，但听后可以不和授课教师交流，自己心中有数就行了；二是分等竞赛性的评课，这类观察为了保证公平，需要一个经得起质疑的标准，最后要分出等第和差异来；三是参赛准备的磨课或针对某些重点培养对象的磨课，主要针对某节课反复打磨，或者针对某个重点培养对象精雕细刻；四是在平常教研中，针对课堂现象和问题、促进参与教师共同发展的课堂观察，从实践效果看，这种教研活动借鉴观课议课的理念，采用观课议课的方法，老师们比较欢迎，效果也不错。

陈洪杰：方法是同一个，但和使用的目的一结合就有了多种选择，这也是境脉性啊。

"让我们共同漫游"

陈洪杰：陈老师，您能充分理解一线授课教师的处境，尊重他们的选择，这很难得。但教研总要研究问题、针对问题，观课议课怎样引导授课教师去直面自己的问题，接受他人的批评？

陈大伟：由第一个例子，我们可以看出评课者和授课者是存在对立的。改善这种对立，是大家都能心平气和地探究真理，需要两个方面的努力。一是授课教师要改变，二是其他参与的教师也要改变，大家都看着对方向中间走，这样大家才能走到一起。

陈洪杰：在观课议课的时候，授课教师要有哪些方面的改变呢？

陈大伟：观课议课是一种文化，我们期望用这样一些观念影响和改变教师，也期望教师能为此有所改变：首先，"幸福是一种能力"（赵汀阳）。所有参与者都要有通过观课议课提升幸福生活的意愿，愿意参与、乐于参与。其次，"只要你还嫩绿，你就会继续成长；一旦你已经成熟，你就开始腐烂"（美国著名演说家丹尼斯·威特莱）。我们都还"嫩绿"，都还有自己的问题，问题是我们的朋友，要乐于暴露自己的问题，争取解决问题，乐于听到他人对自己问题的批评和讨论。第三，"不管在何人手里寻到真理，我都会表示欢迎和亲近，并且会轻松愉快地向真理缴械。当我看见真理远远向我走来时，我会立刻做出投降的姿态"（法国哲学家蒙田）。参与观课议课，我们善于向真理投降，"毋意，毋必，毋固，毋我"（《论语》）。第四，要致力于营造"让我们共同漫游，向那'产生于上帝笑声回音的，没有人拥有真理而每个人都有权利要求被理解的迷人的想象的王国'前行"（小威廉姆·E·多尔）的美好境界。

陈洪杰：让我们共同漫游！这真是美好的教研愿景，让我想起了庄子的《逍遥游》。

数学教学现象与建议

陈洪杰：陈老师，您能不能就小学数学课堂教学的观察，说说对小学数学教师的建议？

陈大伟：这个话题很大，对我来说还是有些为难。这里只能从现象着手，说说自己的几点认识。

首先，我以为是要认真研究把握教学内容。这是北师大数学教材第三册的一个练习题（如下图）。题目要求学生在方框里填上数字，在圆圈里写上运算符号。

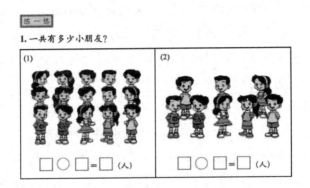

观察中，发现学生大多这样做：

左图：$3 \times 5 = 15$ 或 $5 \times 3 = 15$。

右图：$5 + 3 = 8$ 或 $3 + 5 = 8$。

对右图，也有学生通过圈画，写成 $4 \times 2 = 8$ 或 $2 \times 4 = 8$ 的。

对于学生的做法，我观察到的一位老师只是判断了对错。我以为不能就这样了事，因为这里的教学内容不是用3或者5的乘法口诀进行计算，只教到这个水平是不够的。研究教材，我们可以想一想：为什么右图不排得整齐一些？根据知觉的加工性和整体性，在左图中我们知觉的东西可能是一共5列，每列3个；或者3行，每行5个；这里是"3个5"，或者"5个3"，求它们的和，应该用乘法。在右图中知觉到的东西可能是两行，第一行是5个，第二行是3个，有了这样的加工基础，我们就会说右图的人数是"5和3"，应该用加法。因此这里的教学内容应该是让学生知道在什么样的情况下用乘法，什么样的情况下用加法，先找对方法，然后再计算。围绕这样的教学内容和目标施教，就一定要扣住"我看到3个5，所以用乘法"，"我看到3和5，所以用加法"的内容来交流。对于右图，有的同学处理成 $4 \times 2 = 8$ 或 $2 \times 4 = 8$，行不行呢？当然可以，这是要尊重学生个性化的知觉加工方式，知觉加工方式不一样，但基本的教学内容是不变的，对于处理成 $4 \times 2 = 8$ 或 $2 \times 4 = 8$ 的，也要引导学生说出"我把他们看成4个2，或者看成2个

4，我用乘法的方法计算"。这是扣住教学内容的教学。

我注意到，一些老师的教学因为没有认真研究教学内容，课堂上出示了很多学习材料，设计了很多教学活动，学生也做了很多练习，但基本的教学内容没有抓住，学生没有实际的、有价值的提高和收获，这既是教学低效、质量低下的一个原因，也是学生不喜欢学习的一个原因。

其次，是要关注教学内容的前后关联，尽量避免教学的低水平重复。比如，北师大版三年级教材中的《可能性》，基于学生知道"两个黄色乒乓球，一个白色乒乓球，随机摸出一个的可能性"的学习基础，在学习新课"两个黄色的乒乓球和两个白色的乒乓球，随机抽出两个的可能性"时，就要尽量用好原有基础。在学生说出"白白""白黄""黄黄"的抽法和"白黄"可能性更大的猜想后，就可以引导让学生说说理由：从纸箱里同时抽出两个乒乓球相当于先抽出一个乒乓球（不放回去），接着再抽出另外一个乒乓球。从概率上看，两种抽法的结果应该是一样的。当然，第一次抽球可能抽到白球，也可能抽到黄球，但无论抽到什么，剩下的再抽一次，就回到了"在纸箱里，有一个白色（或黄色）乒乓球和两个黄色（或白色）乒乓球，抽谁的可能性更大"的原有基础。这样，就容易解释为什么抽双色球可能性更大了，而且还在应用中巩固了原有的知识。

我注意到，实践中的一些老师在处理教学内容时缺乏整体观念和意识，他们对前面学了什么，后面要学什么或许知道，但对如何利用前面所学、如何为后面的学习奠定基础研究不充分，这使每一次的教学都好像在重起炉灶。这种缺乏关联的教学，既不利于培养学生利用和改造原有经验的学习方法，也不利于提高课堂教学效率。

第三，是教学内容选择和教学处理方式单一。比如，教数学是要教推理的，从大的方面看，推理可以分为合情推理和演绎推理。常用的合情推理包括归纳和类比，归纳由部分到整体、个别到一般，类比是由特殊到特殊；演绎推理则是由一般到特殊的推理。整个数学教学既要有个别到整体、由特殊到特殊的合情推理，又要有由一般到特殊的演绎推理。还有学习方式的多样化的问题，一方面不同的教学材料需要不同的教学处理方式，另一方面学生未来生活也需要多样的学习方式，我们不能迷信某一种教学样式（比如自主、合作、探究），不能只采用一种教学样式，也不能用一种样式去要求和评价老师。

陈洪杰：您的建议涉及教师要把握学科本质，教师要有整体、联系的思维，以及教师要有对教学内容处理方式的选择意识，这的确是教师专业发展的核心素养。谢谢！

关于推进观课议课纵深发展的对话①

【编者按】 成都大学师范学院的陈大伟老师近年来颇致力于观课议课理念的推广，并在一些地区指导了具体的实践。客观地说，观课议课应该是我们惯常谈论的听评课教研活动的某种提升，它更注重教研的主题性、改进性和假设性，在保留听评课固有功能的基础上，力求对教学作出新的探索和阐释。本刊2010年第7、8合刊发表的陈老师的《观课议课的定义和文化标识》一文，引起了一些教师和教研员的关注，是故就此话题和陈老师多了一个简单的对话，以期能对读者深入认识观课议课的理念和实践有所帮助。

记　者： 陈老师，您在2006年提出的观课议课主张引起了实践的广泛关注。我们知道这几年，您致力于推进观课议课实践。几年过去，观课议课的实践状况如何呢？

陈大伟： 最明显的变化是观课的位置和视角变化了。老师们知道观课要坐到学生身边去，把眼睛放在学生学习上，用学生的学习状况来讨论教学了。他们坐在学生身边，从学生的学习活动和学习效果中开始有了新的教学发现，这使通过以学论教来改进教学有了一个更好的基础。

第二个变化是观课的准备性增强了。现在大家知道，每一次观课议课活动要有服务教学改进和教师专业成长的"教研目标"，这个教研目标就是我

---

① 刊于《福建教育》2011年第19期，访谈记者吴炜昊。

们所说的"观课议课主题"。有观课议课主题增强了研究的针对性和实效性，使"利用课堂的平台研究和解决实践中的一个急迫或普遍的问题"有了可能。

第三，降低了做公开课的利害关系。过去的评课是对一节课作出评价，结论的好坏对授课教师都存在很大的压力。议课不是对整节课作判断、下结论，授课教师不是大家针对的对象，他的课也不是针对的对象，课堂上的故事和现象才是讨论和分析的重点，讨论中，大家"同在共行"，平等对话。这就尽可能降低了献课的风险和压力，一些老师跟我说："观课议课以后，我不怕上公开课了。"在这样的背景下，原生态的课堂多了，真实的课堂多了。

第四，在议课中，一些教师开始以建立联系的方法理解教学了。过去的评课话语一般是"你什么地方教得好""什么地方教得不好""我建议你这样教"，关注点主要在教的行为上。教的行为是孤立的，孤立地讨论教的行为并不能真正促进教师改变。现在不是孤立地讨论教的行为，而是让教的行为和教学设计、教育假设联系起来，可以从改变教师对教育的理解和认识、从改变教育假设的根本入手，更有效地实现改进教学实践、促进教师专业发展的目标。

还有一个改变就是对教师生活的改变。用一个例子来说，2009年在第三届观课议课研讨会上，西安市未央区西航三校的与会代表介绍说：学校里的老师"与学生相处时少了一份急躁，多了一份宽容和等待，观课议课让他们懂得和习惯了一个世界有多种声音"，"与同事相处时少了一份挑剔，多了一份相知和欣赏，观课议课让他们了解对方，使他们知道自己的成长离不开同事的相伴与支持"，"与家长相处更多了一份默契，观课议课使教师们知道只有将心比心，只有换位思考、平等对话，才能达到相互沟通、相互配合教育孩子的目的"。观课议课使"教师们的心胸变得宽广了，教育教学水平提高了，心情变得舒畅了，教育生活的幸福溢满教师的心房"。观课议课正在成为改善教师生活的一粒种子。

当然，这些变化还不是一种共象，有的多走了几步，有的走一走、停一停。我是接受这种现实的，因为观课议课鼓励多样性和自我选择性。

记　者： 观课议课的提出，很大程度上对听课评课的理念和实践形成了冲击。不知道您如何看待这个现象？

陈大伟： 我不太赞成简单地"用观课议课取代听课评课"的做法。"万物并育而不相害，道并行而不相悖"，"听课评课"与"观课议课"并非一种非此即彼的关系，犹如铅笔与毛笔，各有各的表现力，各有各的使用场所：

评课适合用在需要对课堂教学作出评价、分出等第的时候。比如，实行绩效工资以后教师的工作质量如何考核？以分数作为标准只会导致加班加点，学生负担不堪承受；而且生源质量、学生家庭生活背景都不是老师所能操控的，这些因素又在很大程度上影响学生的考试分数。可以说用分数评价教师，不仅本身存在很大的不合理性，而且导致了不好的结果。评教师评什么呢？我认为，学校和教师的劳动产品就是课程，课程是影响学生发展和进步的核心和根本因素，课程的合理性和有效性就是教师工作积极性、水平、能力的具体表现，评价教师就需要对教师的课程进行评价，评价课程就需要走进课堂，就需要评课。另外，优质课竞赛涉及选人和判断人，评课也是一种合适的方式。所以，评课不会消失，也不会被取代。

需要对课堂教学作出评价、分出等第时，可以评课。什么情况下观课议课呢？我以为，如果需要研究课堂上的问题和发展教师，则"议课"的方式更好，在《静悄悄的革命》中，佐藤学有这样的观点："研讨教学问题的目的绝不是对授课情况的好坏进行评论，因为对上课好坏的评论只会彼此伤害。"与"听课评课"比较，可以说，观课议课主要适用于日常的教研和教师培训活动。

没有最好的，只有更适合的，目的决定手段，不要自以为是。这也是我们在观课议课时要践行的一个观点。

不过，受观课议课的影响，我对听课评课也有一点改进的设想。最近，到一所学校观课议课，这所学校在做有效课堂研究，观课结束，教导处的朋友给了我两张量表，说请我给上课老师各打一个分。我一看，24个子项目我最多能对四五个项目给出分数，其他的分数都只能蒙。这对上课老师太不公平了！我赶紧抱歉，说自己没有评课打分的水平了。我承认自己的水平有限。再想一想，其他评课打分的老师会不会也有与我一样的麻烦：在有限的时间里，只看一次课堂，又要思考，太多的东西是关注不过来的。由此我想能不能改一改，比如，不要一个人每一项都给分，每个评委给四到五个项目的分，他就关注那四五个项目，另外的评委再分解关注其他项目，最后合起来。这样会不会好一点？

记　者：陈老师，在您的博客上，我们看到老师们提出了这样的问题："我们在观课的时候也重点观察了学生的表现，以及教师针对这个主题所作的设计，课后大家一起来议课。形式好像有模有样，但是我们发现，议课的层次比较肤浅，大家泛泛地说，想要更新的做法，或者更深入的讨论就没有。我们怎么办？"看来，形式到位以后，怎么在实质上更进一步，这是需要考虑的。这是不是观课议课遇到的一个瓶颈？

陈大伟：我同意瓶颈的说法。我想议课层次比较浅，深入的讨论没有出现，这样的问题不仅是议课的问题，也是评课中要遇到的问题。只是观课议课以后，大家更加关注教研活动的质量了，这个问题就显现出来了。提出这个问题意味着大家对教研活动的质量和效益意识增强了。提出这样的问题，本身就是一种可喜的变化。

再说如何对待这个问题。观课议课就是一种提高教师专业素质、改进课堂教学的工具，犹如一支毛笔。过去有铅笔，现在提供了毛笔，有了毛笔是不是就一定能写出好字，画出好画呢？未必。学会用毛笔是简单的，用毛笔画出美丽的图画是不容易的，这需要积淀和过程。比如，要更好地理解教学、更有效地实施教学就需要教育理论素养和教育实践经验的积淀。而要深刻地理解和认识课堂教学，是多么的不容易啊！有谁能说"我已经深刻地认识和理解了课堂"？恐怕没有。所以，这是一个过程，需要积淀，而且没有终点。我想大家需要这样的思想准备。

记　者：陈老师，从会用毛笔到用毛笔画出美丽的图画，这是推进观课议课纵深发展的一个有趣隐喻。您能不能说一说，从"会"到"美"需要注意哪些问题？

陈大伟：变革深处是文化。我想，技术和方法的改变终究是表面的，体现为生活方式的文化观念的变化才是根本。就观课议课的文化观念，我们提出了"改善生活的实践观，促进思想的发展观，成长创造的幸福观，相互滋养的生态观"。

记　者： 能不能作一些具体介绍？

陈大伟： 改善生活的实践观一方面强调对课堂教学改进的复杂性和艰巨性要有充分的认识，要以改善教师的教学生活的定位，整体思考和推进课堂教学改革；另一方面，改进教学意味着改善生活，参与教师要以此为动力投身课堂教学的研究和改进中，以此自觉投身改进教学的实践。

促进思想的发展观的假设是"人因思而变"。推进观课议课要致力于培养教师为学生、为自己更加合理更加美好的生活而研究的责任，促进观课议课参与者思想，指导参与者用更有成效的思想方法改变自己、改变教学。从参与过程看，观课议课的效益体现在参与者有成效地思想和分享彼此的思想。

成长创造的幸福观为教师的幸福生活指明一条可能的道路——"成长"和"创造"。观课议课致力于促进教师关注成长——"爱自己，栽培自己"，致力于帮助教师用创造为教育生活留下"痕迹"。创造离不开想象，"教师要有想象力"，想象发现更多的教学可能，更多的教学可能奠定创造的基础。

相互滋养的生态观强调在教师中形成"互相培养的'合作性同事'之间的关系"。观课议课是参与者围绕课堂、围绕课堂上的故事和现象、围绕观课议课主题这些"伟大事物"的共同求知。教师的责任是育人，不仅育自己、育学生，而且育同事，在相互培育中共同生长。

记　者： 刚才您说到了西航三校教师生活的改变，从长远看，这样的改变比只解决好一个教学问题，教好一堂课更有价值。您能不能说一说如何通过观课议课促进这样的改变？

陈大伟： 在听到西航三校的陈红校长说"我们收获了很多课堂教学以外的副产品"的时候，我心中涌出了很多感动和欣慰。但在感动和欣慰之时，我心里在说，这不是副产品，它们就是"正品"。在我思考和实践观课议课时，我内心始终存有一个强烈的信念，那就是观课议课就是为了人的幸福。这里，人的幸福既有高质量的教学所带给学生的幸福成长，也有教学创造所带给教师的幸福生活。这才是观课议课的终极目的。没有这样的目的追求，只从技术和方法上模仿是无法收到理想效果的。

观课议课是一种文化，用什么去"化"呢？我们用"让我们共同漫游，向那'产生于上帝笑声回音的，没有人拥有真理而每个人都有权利要求被理解的迷人的想象的王国'前行"促进理解；用"己所不欲，勿施于人"促进宽容；用"己欲立而立人，己欲达而达人"促进成全；用"表达是一种实现，倾听是一种关怀"促进接纳……"化"的过程试图实现"化"的目标：变封闭自足的文化为反思超越的文化，变被动接受的文化为主动参与的文化，变迷信权威的文化为理性批判的文化，变攻击比较的文化为和谐共进的文化。

记　者：再回到瓶颈的问题上，我觉得要提高观课议课的质量和效益，需要参与者有一双观课议课的眼睛，当然这样的一双眼睛也是在活动中需要修炼的。我想，修炼这样的眼睛应该是观课议课的一个目的，那应该如何修炼呢？

陈大伟：这里涉及的问题比较多，我说两个想法。

首先，需要站得高一点。从"观"的本义上讲，龚鹏程在《文化符号学导论》中提出："观如鹤鸟飞在天上，足见天地之大，品汇之众。"飞在天上就是要站得高。这里的高是什么意思呢？就是要有一定的理论素养和积淀，最好有自己的教育哲学支撑。

我把教育哲学看成教育工作者对教育根本问题进行终极追问过程中形成的认识和见解。教育哲学既来源于终极追问，也来源于阅读和比较。比如，1976年，联合国教科文组织在《国际教育标准分类》的修改中，这样定义教育："教育是有组织、有目的地传授知识的工作。"1997年，该文件修订，教育的定义变成了"教育是能够导致学习的交流活动"。有了这个新的基础，我们认识和理解教育就有了一个更合理的方向。再如，英国教育哲学家彼德斯认为"教育"的核心标准和基本用法包括：第一，在具体目标上，教育所获得的"成就"必须是"善的"和"有价值的"；在终极目的上，教育必须帮助人们获得健康的"生活形式"，树立一般的世界观，而不局限于纯粹功利或职业的达成。第二，在方法上，取得成就的教育方式必须是"道德的"或"无可非议的"。第三，在过程中，教育必须是有利于学生自主性确立和发展的。这有助于我们思考和追求好的课堂教学。

在课堂教学实践中，我们也有了自己的课堂教学理想。在我心中，从状态上看，理想课堂是师生共同经历和享受美好生活的课堂；从结果看，理想课堂是有利于帮助学生获得生存的本领和生活的智慧，并体验生命的意义和尊严的课堂；从投入和产出看，理想课堂是有效教学的课堂。观察状态、观察效果、观察取得效果的过程和手段，这是我分析和理解课堂的框架。

其次，修炼观课的眼睛还需要修炼关注人生的"慈心"。我做教育实践和研究，有一个最深切的体会，那就是"慈心生出慧眼来"。没有一颗爱大众之心，没有对学生现有课堂生活苦痛的深切同情和关怀，没有改造现有课堂现状、促进学生和自己幸福生活的使命担当，我们就会对课堂的不合理现象表现得麻木和冷漠，就会无动于衷或听之任之。一个麻木的人、无动于衷的人不可能对课堂问题和现象敏感，不可能对教学产生新的发现。

记　者：在讨论观课议课的时候，您在很多地方提到了"教育假设"。在科学研究中，有"研究假设"的概念，您这里提出了"教育假设"，主要基于什么样的考虑？

陈大伟：观课议课立足于整体提高和发展教师，但最根本的东西是什么呢？我以为是改变教育假设。什么是教育假设呢？

乔治·奥尼尔认为："'假设情况'乃是我们对这个世界、我们自身及我们与世界关系的一种看法，是我们假定或认为真实的东西，也是我们凭借独一无二的直觉能理解的事实。"人生活在对世界的"假设"中，我们总是基于假设而行动。

比如，如果我是语文教师，我可能有这样的假设：语文教学强调以读代悟，而"悟"有"悟理"和"悟情"的选择，如果需要悟理，我认为默读的效果比朗读的效果好；而如果需要悟情，朗读不失为一种合理的选择。这就是我根据阅读目标对阅读手段选择的教育假设。心中装有这样的假设，我们开始教学设计，在教学设计时首先需要阅读教材，这时就可能产生新的教育假设：我认为这篇文章的目标最好是让学生悟理、明理，或者在悟情为主要目标的教材上，需要安排悟理。这又是关于教学目标的假设。两个假设结合，我们可能这样设计：给学生提示思考的问题，指导学生默读，实现悟理的教学目标。这是在教育假设影响下的教学设计，我们可以说，每一个选择的行为都有支撑这种选择的假设。将设计带进教室，我们可能有这样的教学指导："请同学们默读第 5 到第 8 自然段，边读边思考这样一个问题……在默读时，你可以把自己的想法批注在书的旁边，等一会儿和大家交流。"这是指导学的教的行为。教的行为导致了学生根据老师的要求而产生学的行为，学的行为产生一定的学习效果。这就是教学的流程，在这个流程中，我们可以发现，教育假设至关重要，只有先想清楚了，才能真正做明白，这是一条基本的规律。教师的劳动必须是先假设、后行动，这是对学生负责的态度和要求。

我们可以对教育假设作出这样的界定：教育假设是教育实践者对教育行动各要素的现状和发展，以及彼此因果关系的理解和预设。教育假设是教师的教育实践知识的核心，用教育假设来表达，这是因为假设是一种带有方向性的有待验证的想象，意味着个人性实践知识需要不断发展，需要验证和研究。一方面，假设具有面向未来的实践性，教师需要根据自己内心的教育假设进行教育决策和采取教育行动；另一方面，假设具有待研究性，个人的实践性知识没有封闭性，它需要实践和验证，因此它又具有动态的发展性。S·拉塞克和 G·维迪努曾经指出："教育问题是如此复杂，以至于它容不得半点简单化和僵化。"教育假设面向未来的开放性和实践性有利于帮助我们理解教师专业生活和专业发展的内涵。

我们认为：假设的过程意味着在头脑中对未来教学可能进行预演，随时对教学行为背后的教育假设提问，能够清晰地表达教育假设的教师，是对教育假设有过思考，对教育有过研究的教师，这样的教师是负责任的教师；如果一个教师将基于一些假设的教学设计用于实践，能被教学实践证明其假设具有合理性和有效性，这样的教师就是对教育有比较深刻的认识和理解，具有较高教学实践水平的教师；教学之前有假设、教学中和教学后能不断反思和调整假设，不断提升假设水平的教师是不断成长和进步的教师，其教师生活是一种研究性的生活。

可以说，观课议课的任务就在于验证可能的假设，发现新的假设，修正原有的假设，发展教师的教育假设水平，引导教师用更合理有效的教育假设改造自身的教育实践，培养教师在实践之前在头脑中预演未来教育生活的习惯。在具体策略上，观课议课不是就行为讨论行为，而是用问号直抵行为背后的价值观念和教育假设，使教育假设公开、明晰，并使其在议课的对话中得以修正、改善和补充。

记　者：好的，谢谢陈老师，期望看到您在观课议课方面新的研究和实践成果。

陈大伟：谢谢！

为了大多数教师的课程实践
——陈大伟观课议课对话录

实践应答篇

与听课评课的主要区别
观课议课的记录工具和记录
　方法
观课议课如何以学论教
……

与听课评课的主要区别

【问题】

"观课议课与过去的听课评课有何区别？请作简要介绍。"

【回应】

好事不过三，我想主要有以下三个方面：

首先，是基于对教育真理的境脉特征认识。听课评课的标准具有优先性，在观课议课时，"情况"和"情境"具有先在性和优先性，脱离了具体的"情况"和"情境"，意见的"正确性"就会大打折扣，甚至可能成为"无用"或者"荒谬"的废话。基于境脉特征的教育真理观，观课议课的对象主要是课堂上的事实和现象。与常见的"我认为这节课有以下优点……"（提供教学结论）和"我建议作这样的改进……"（提供教学建议）的话语方式不同，在观课议课中，我们提倡参与者首先提供自己在课堂上观察到的事实和现象："在课堂上，我发现……"，"在课堂上，我注意到……"，然后参与者再围绕这些事实和现象，展开对话和讨论，商量可能的教学出路和办法。

把重点放在课堂上的事实和想象上有利于降低课堂教学研究的利害关系。可以说，无论用什么方式，只要有人进教室来观察和研究，就难免使上课教师产生一种紧张感，有时甚至会带来一些伤害。也就是说，都会形成一种利害关系。降低教学研究活动利害关系的方式是不对人的教学态度和水平下结论，也不对课作鉴定，而是围绕课堂上的事实和现象，探讨原因，展开教学想象力，研究发展变化的可能性和实现条件。只有降低了课堂教学研究活动的利害关系，教师才更容易以更本真的方式献课，讨论课时大家才更容易推心置腹，畅所欲言。

其次，是变革对象由对人到对己。孔子说："古之学者为己，今之学者为人。"与评课时"你的课有这样一些特点"话语主要指向对方不同，观课议课的立足点是"为己"的实践，我们需要思考和解决的主要问题包括："我从这堂课中学到了什么？启发我思考了什么？我能从中获得哪些变革的力量和方法……"评课者或许不需要解决自身实践的问题，观课议课的实践者必须思考自身实践的问题，通过观课议课学会教学。观察完一节课，讨论完一节课后自己能把这节课上出来，这才是我们特别看重的。

这样，观课的时候就要集中思考"我会怎么办""我该怎么教"；议课的时候也不要针对对方说"你应该如何如何"，而是把自己对"假如我来教"的思考、对实践的设计摆出来，请参与者批评和指导，从中收获成长、进步和创造。事实上，只有自己从实践角度认真思考过如何理解和变革，议课的意见才更有意义和价值，才能赢得对方的信任和接纳。

第三，是话语方式由封闭到开放。只用逗号、句号表达对课堂教学意见的方法是评课，这是对已有的课作判断、下结论的方法，句号表现封闭。而观课议课，我们需要谦逊地承认：教学活动具有无限丰富性和多种选择性，在复杂的课堂教学活动面前，"我们未必了解别人"，"我们未必正确"，"即使我们正确，正确的方法也未必只有一种"。因为未必了解情况，所以不能简单地下结论，而是需要询问，需要倾听。因为自己未必正确，自己不可能完全从逻辑上把握、规定和制约教学活动，所以对话和交流时就不能强加和压制，而是需要民主和平等。因为正确的方法未必只有一种，所以需要接纳多样性、鼓励多样性、探讨多样性。即便是给别人以有效的教学方法，也只能采用非独断性、非强制性的指示和指引。议课要容许参与者质疑，鼓励参与者在独立思考的基础上，作出自己的判断和选择。对于把自己认定最有效的方法强加给他人的做法，帕克·帕尔默认为存在以下结果："当我们把某种认定的方法技术捧上天的时候，就使得采用不同教法的老师感到被贬低，被迫屈从于不属于他们自己的标准。"我们不能封闭自己，也不能用句号的结论阻断别人的表达。

观课议课要适当注意变句号为问号。问号是探寻,对问号的呼应是彼此坦诚的对话和言说,使彼此的交流走向开放和平等。问号本身意味着引出思考,意味着需要对话,意味着对思想的促进和经验的挖掘和整理。问号不仅适用于别人,也适用于自己。用于自己的目的是促进自我对话,引起自我反思。帕克·帕尔默说:"那些学会与自己对话的人们很快就会惊喜地发现,教师的内心是他们所遇到的最通情达理的对话伙伴。"

观课议课的记录工具和记录方法

【问题】

"我们是新教师,观课过程中,总觉得自己很忙乱,既要观察教师言行,又要注意学生反应,一堂课下来,记录了很多,却不知道自己的目的何在。在观课前,观课者可以作哪些准备,考虑哪些要素,使自己的观课更具针对性、有实效?""怎样在观课的过程中快速有效地进行课堂实录?""观课时光顾着记笔记,常会忽略上课教师的教态、学生的反应等,该如何合理地处理二者的关系?"

【回应】

这是一个涉及注意力如何分配和注意力分配能力的问题。刚参加工作的新老师会遇到这样的问题,就是我们这些工作几十年的老师也常常会遇到同样的问题。

根据对注意力分配的相关研究,能否实现注意力分配主要取决于是否具有熟练的技能技巧,而且同时进行的两种或两种以上的活动,只能有一种是生疏的、需要加以集中注意的,而其余的动作要相当熟练才能完成注意力分配。对于刚参加工作的新老师而言,由于对教学的内容不太熟悉,对课堂上师生活动的规律不太熟悉,又要思考又要记录,一段时间的手忙脚乱是必然的。经过一段时间的实践,对教学内容中重难点、前后关联熟悉了,对师生活动的规律熟悉了,对什么东西对于自己更有意义和价值能加以判断了,情况就会好一些。避免手忙脚乱一是依靠实践经验的积累,二是可以在观课议课前有所准备。就有所准备而言,我以为,可以在以下几方面做一做工作。

首先，还是要提前研究一些教学内容，看一看前后的关联，想一想教学的重难点，想一想如果自己来教，什么地方是比较难的。把这些东西想一想，就可以让自己在观察时少用一些精力来研究教学内容的结构和体系，并且对自己感觉难以理解和处理的地方，可以找到重点关注的内容。

其次，可以在平时练习一些速记的符号，比如"T"指老师，"S"指学生，用简便的自己能懂的表情符号记录师生的情绪等。有这样一些准备，或许就能让自己在记录的时候少花一些时间。

第三，可以和上课教师协作和沟通。对教师专业发展和教学改进过程的研究，我们认为存在这样三个过程：一是执教者依据既有经验的设计和教学过程。（见图1）

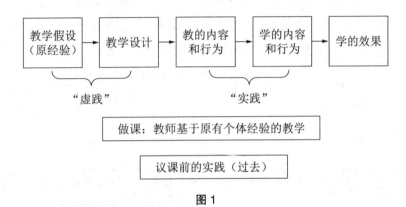

图 1

二是依据对课堂教学现象讨论而进行观课议课，由此引起对教育认识、理解的改变。（见图2）

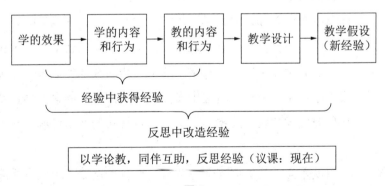

图 2

三是运用观课议课中的发现和改变，引起教师实践方式和实践效果的改变。（见图3）

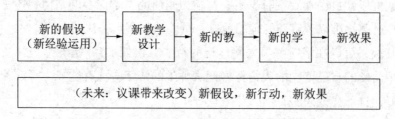

图3

这是从预设到实践，再到反思，再进入新实践的过程。在这样的循环过程中，教育假设引导研究性的教育实践，研究性的教育实践又丰富和发展着个人的实践性知识，教师的专业发展得以实现，课堂教学得以改进。对三个过程整合，我们可以采用如下"教案和观课议课表"表示。

教学活动模块	教育假设	预备学生反应	预期学习效果	实际效果	假设和实践效果分析	新的教学可能探究
1.……						
2.……						
教案：付诸实践的教育假设（教学、观察、交流的工具）				观课记录：对假设和实践的观察思考、发现新的教学可能		

该表定位从教育假设到实践效果的教学过程，体现教学设计是设计教学活动，教学实践即为教学活动的展开的理念。左侧的栏目可以由上课教师预先准备，提前发给观课教师，使其可以成为教学的工具、其他老师观察课的工具、议课时交流讨论的工具。有了这样的基础，观课时就不必记录相关的流程和活动了，然后重点集中在观察学生的学习活动和学习效果，并集中精力于思考，集中精力于研究，在研究中发挥教学洞察力，洞察教学各要素之间的关系，在研究中发挥教学想象力，思考是否有新的教学可能，并由此自我创新。

第四，可以就重点关注的内容和方法有所准备。这需要预先有明确的关注焦点，形成明确的关注指向，作出相应的准备。比如，面对"抓住重点字词引导学生文意"的观课议课任务,我们可以形成"哪些词语是重点词语,抓住了哪些重点词语","课堂上教师是怎么呈现和处理这些字词的","通过对重点词语的处理,教学效果如何"的关注指向。再如,当我们要关注教师和学生在课堂上的互动情形时,我们可以预先画好教室座位的分布图,在观察中形成这样的教学路线(见图4,该图来源于网络),从而对教师的站位习惯有所认识,并有意识地在以后的教学中有所改变。

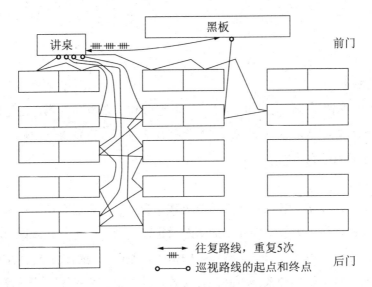

图4　教师的移动位置

第五,不一定要对教学的进程、现象和问题做完整的记录,在发现了某一特别有研究价值的现象以后,可以抛下其他现象和问题,对有研究价值的现象和问题进行深入的思考,并记录自己的思考和发现。

观课议课如何以学论教

【问题】

"观课议课强调通过学生的'学'来映射和观察教师的教,通过以学论教,实现有效教学。这种学生的'学'有什么标准?在议课的时候如何确定它是真正有效的教学?"

【回应】

观课议课以学论教的目的在于改进教,在于创造最适合学生、最有利于学生发展的教学,如果不能就学的情况讨论改进教、促进教,观课议课就失去了改进教学的可能。以学论教,学的情况是基础,是前提;论的指向是改变教,改造教,使教师教得更好,更有效。学是果,教是因,论的目的在于发现因果联系,认识因果关系,并利用所发现的因果关系改造教学,得到更好的教学效果。

(1) 在指导思想上坚持以学论教,追求有效教学。学是教的基础,教为学服务,学是教的反映,教得合理不合理主要看学习的方式、学习的效果理想不理想,通过对学习方式、学习效果的剖析讨论更有效的教学方式是什么。

(2) 在行为上,观课时坐到学生身边去,主要以学习活动、学习效果等为观察和研究对象;议课时,以学习活动、学习效果为主要对象引起讨论、展开讨论。

(3) 在路线上,从学习效果入手,以获得更为理想的学生学习效果为目的。

一般来说,教学的路线是教育假设—教学设计—教的行为—学的行为—

学的效果。比如，我头脑中可能存在"需要深刻理解的文字最好采用默读的方式"这样的假设，在备课时，我遇到了需要学生深刻理解的文字，我就可能作出引导学生默读的设计。进入课堂，我把设计表现出来，我可能作出这样的引导——"请同学们找到这一部分默读，边读边思考以下问题……把自己想到的批注下来，等一会儿我们要交流"，这是教的行为；在老师的组织和引导下，学生读、思考、批注，这是学的行为。这样的默读行为可能产生比朗读更好的阅读效果。

观课议课以学论教采取反向的路线，主要从学的效果和学的行为分析和理解入手，讨论什么样的教的行为才是有效的，并通过对话和反思理解原有的设计和背后的观念，根据效果和他人的经验改造原有经验。在教师完成经验改造以后，重新设计，以新的教学行为追求和实现新的教学效果。

从观察和讨论学生学习的角度，我们对学生的学习状态、学习方式、学习内容、学习作品、学习效果进行观察和研究。基于这些方面的视角，从学生学习的角度，我们认为好课是学生喜欢、质量不错、负担不重的课。

"学生喜欢"主要从教学的过程看。我们可以从这些方面观察和研究：（1）观察课堂整体氛围。学生喜欢与否首先取决于课堂教学的环境和氛围，如果课堂氛围是控制而压抑的，学生难以喜欢；如果课堂环境安全、宽容，学生的参与和探究是得到鼓励和支持的，学生更容易喜欢。（2）观察学生的情绪是否积极。如果学生在教学活动中被边缘化（甚至主动寻求边缘化），学生对教学活动无动于衷、冷漠甚至充满敌意，这无论如何不能说学生情绪是正常的。就这一点，我个人认为，学生喜欢表现为对教学活动热情、期待而激动，有一种积极介入，主动谋求成为关注的"中心"表现。（3）观察喜欢学习的学生的人数比例。有效率的课堂应该照顾尽可能多的学生，如果只是几个学生喜欢，放弃了大多数，也不能算好课。有水平有质量的课堂会针对学生的不同水平和要求，提出不同层次的目标要求和内容安排，使所有学生产生"老师的教学就是为了我"的感觉。（4）观察课堂上的活动节奏的调整和变换。学生较长时间的兴奋和喜欢是实现高质量教学的保证。但一节课，学生不可能长时间地处于兴奋和激动当中，要求学生一直处于兴奋状态，既不现实，我个人认为也不科学，教学需要节奏变换和兴奋调整。

"质量不错"主要从教学的结果看。我以为，也可以考虑以下观察点：（1）质量应该是全面的质量，课堂是师生生命参与的一处场所，教学是师生生命活动的一段历程。师生的参与不仅是躯体和知识的参与，更是智慧、情感的全面参与。他们的参与表现为建构客观世界意义的"认知性实践"活动、建构伙伴关系的"社会性实践"活动以及建构自身模式的"伦理性实践"活动。（佐藤学）因此，全面的课堂教学质量应该包括"认知性实践"质量、"社会性实践"质量以及"伦理性实践"质量。单纯的分数和仅有认知意义上的知识不是完整的质量概念。（2）我个人认为，除了体育等学科以外，学生的学习活动应该以心智活动为主，教学的主要任务是提高学生的心智水平，教学应该以引起和促进学生心智活动为起点，以追求心智水平提高为目标，其他活动设计和展开要服从于、服务于这个主要目标。由此看教学质量，就要看它是否充分利用了学生的心智能力，是否有利于提高学生的心智水平。实际上，已有经验的简单再现和低水平重复不可能促进学生智力发展，只有在"最近发展区"里活动，使学生的智力活动处于适度紧张的状态，才有可能促进学生智力发展。对于当前课堂上大家批评的一些表面现象和形式主义，我们可以用是否引起和促进适度紧张的心智活动来区别。（3）这里的质量诉求，还应该包括质量获取方式的诉求，比如：主要是教师灌输的，还是学生主动获取的？学生在获取质量时，其独立性和自主性是否尽可能得到发挥，学习方式是否合理有效？

"负担不重"主要从教育投入与产出的关系看，也就是要看为学生学习所投入的成本。投入的首先是时间，要看师生为此花费了多少时间。其次，投入的还有精力，要看师生为此付出了多少劳动。与此同时，物资的投入、经费的投入也是课堂投入的重要成分，虽然教育现代化将不断提高教育技术水平，但我个人认为，能够在尽可能少花钱、少动用技术设备的前提下达到高质量更值得尊重。

【问题】

"观课议课的'以学论教'路线是否合适？因为同一授课教师，同一教学设计，不同的学生反映出不同的教学效果。如何科学地来评价授课教师的教学行为呢?"

【回应】

教学的本质不是去追求某一个固定不变的教学结果，而是追求一种发展，首先，一种发展，不是说教到那种结果就是好的教学，没有教到那种结果就不是好课。同时，学是教的基础和条件，教学也应该因学而变。这样，以学论教关注学习效果和结果，但这里的效果与结果不是一个固定的目标，而是发展取向、适合取向的效果和结果：好的教学是适合学生、能让学生获得更多东西的教学。

在我看来，上课之前教师要尽可能把教学的方方面面都考虑到，要精心设计教学。但走进教室以后，又要"有似无"，敢于抛掉自己的预先设计，根据学生的实际因势利导，顺水推舟，引导学生"无中生有"。上善若水，水无常形，兵无常势，教无常法，同一授课教师最好不要用同一教学设计去面对不同的学生。

怎样坐到学生身边

【问题】

"观课议课主张以学论教,以学论教的基础是要坐到学生身边,观察和研究学生的学习活动、学习方式和学习效果。坐到学生身边有可能使学生紧张,对他们的学习形成干扰,学生也可能因为不满老师坐在身边而采取掩饰的方法,这使我们看不到他们学习的真相,可以说,老师在学生身边是一把双刃剑。为了减轻乃至消除由此带给学生的消极影响,坐在学生身边观察时,教师需要提前进教室和身边的同学沟通。请问观课提前进教室怎么与学生沟通?"

【回应】

一、脸上要挂着微笑

保加利亚哲学家基里尔·瓦西列夫在《情爱论》一书中说:"爱的微笑像一把神奇的钥匙,可以打开心灵的迷宫。它的光芒照亮周围的一切,给周围的气氛增添了温暖和同情、殷切的期望和奇妙的幻景。"做教师的,无论你有多么委屈和怨愤,学生是无辜的,你不能在学生面前摆出一张臭脸。当代格鲁吉亚儿童心理学家阿莫纳什维利说:"谁爱儿童的叽叽喳喳声,谁就愿意从事教育工作,而谁爱儿童的叽叽喳喳声已经爱得入迷,谁就能获得自己的职业的幸福。"心中装满对学生的爱,尽量找出眼前学生的可爱之处,在发现学生的可爱以后,内心充满喜悦,然后面对他们春暖花开。没有比这更合适、更有效的沟通语言了。

二、坐下之前征求意见

在你选择一个位置准备坐下时,最好征求一下学生的意见:"我可以坐在这里吗?"这是对学生的尊重。其实,每个人都有属于自己的私人空间,当自己的私人空间出现外来者时,我们很容易感到不舒服。征求学生意见,是请他们对你开放他们的私人空间。对你的请求,一般情况下,学生会说"可以",这时你就可以相对心安理得地坐在他身边。当然也有例外,曾经有两次,学生对我的回答是"不行",这时,我就只能另选位置。有老师问:如果始终没有学生愿意你坐在他身边,你怎么办?我想,那就把自己"打回原形",坐到教室后面去。在这里,我想表达的一个观点是:"无论你研究课堂的理由有多么崇高和充分,都请你从尊重眼前的学生做起。"我们不能在"我坐在你身边是为了研究你们的学习,研究你们的老师,这可以帮助你们的老师教得更好,使你们学得更好"这样的理由下,放弃对眼前学生的尊重和关心。从对眼前的人、眼前的学生关心开始,由此推广开去,这样的关心才算心中有人的对人的真正关心。

三、注意和学生交流、沟通

就我自己,一般来说有这样一些工作:首先是寒暄和询问,比如,问问学生叫什么名字,怎么来上学的,平时喜欢和同学玩什么游戏,最近在看什么书之类的。然后可以问一问上课的老师叫什么名字,上到哪一课了,要学习的内容是什么。可以请同学们把课本给你看看,看课本有两个作用:一是看上课老师是否在忽悠你拿上过的课来教;二是可以翻看一下同学们是否预习过,对新学内容有了哪些方面的基础和准备,这可以为后面以学论教的讨论提供依据。接下来,可以提出这样的要求了:"我可以看一看你的书吗?""我可以看一看你的作业吗?"翻看课本、翻看作业本不仅是为了了解学生的学习水平、学习能力,更重要的是要在作业中找到值得鼓励和肯定的优点，给他鼓励和赞扬，使他相信你，不怕你。作这样一些准备，身边的同学在课堂上就有可能放松心情，愿意把学习中真实的一面展现出来让你观察，也愿意回答你在观课过程中提出的一些问题了。

四、专注于观察和研究课堂教学

由于种种原因，很多教师坐在教室里并不专注于课堂教学的观察和研究：有的老师带着备课本；有的老师在批改作业、填写表册；有的不时拿出手机发短信和微信；还有一些老师得闲的时候在自由交流，他们在交流着"你这件衣服是不是新买的""我觉得样式不错"等话题；也有的老师专注于观察，但他们耐不住性子，不时就和身边的老师分享自己的观感和意见，对上课老师的教学指手画脚。

凡此种种，都属于观课老师不尊重上课教师，不尊重身边学生，不尊重自己正在做的工作，不尊重自己的教师身份的现象。你要知道，你在观察学生、研究学生的时候，学生也在观察和研究你，老师这样的表现被学生看在眼里，学生对你生出轻慢之心，自然也就不再尊重你了。对于这些现象，一般情况下，他们只会"看在眼里，记在心里"，是不会向老师表达的。但也有表达出来的学生，有一位观课教师曾经写过这样一个观课手记：

观课结束，写完最后一句，我合上笔记，起身走出五二班教室。
"老师。"我站住脚，扭头看见几个小女生站在身后，"老师，请您转告听课老师们，请她们尊重我们的杨老师，尊重我们的课堂。"
"怎么了？"我很是迷惑。
"听课时，你们一直在说话……"
"哦……"我一时语塞。

自从我校进行系统的观课议课以来，我们慢慢从惧怕研修的阴影中走了出来，渐渐体会到了研究课堂的精彩。我们开始在观课中仔细观察，细细品味，开始把自己对一个细节的理解提升到一定的高度，开始把自己对课堂的零碎的感知梳理成较有条有理的"一二三"……研修的热情、思考的习惯——我为我自己的成长感到欣喜。

而此刻学生的话却似一声惊雷。我们在为自己的"成长"而得意的时候，竟然抛却了"成长"的向标。当我们自己都无视课堂的神圣，只把课堂研究作为提升自己的一个工具，而无视学生时，我们谈何让学生爱课堂、重视课堂？

我希望这能成为观课议课实践的一面镜子。它提醒我们：课堂是一个生命生长和实现的所在，是一个充满灵性和智慧的庄严神圣的地方，走进教室时，我们需要存有一种庄严神圣的态度和心情：一定要提前进教室，不能在教学开始以后，很轻率地敲门打断师生的教学；在课堂上要关闭通讯设施，要杜绝旁若无人地接听电话；要集中精力关注和研究教学，不做与本次教学无关的诸如备课、批改作业等工作；不要和其他观课者闲聊，避免在课堂上对师生的教学活动进行讨论和评价，影响师生教与学的情绪。

五、做促进学生学习的助教

坐到学生身边，就会发现有的同学在分心，有的同学不会学，这时观课老师应该怎么办？出于对学生成长的关心本能，出于对教师职责的认识理解，我们可能很自然地对学生进行相应的教育和指导。比如，老师布置同学们小组合作学习的时候，如果身边的同学能很快有效地进行小组合作学习，我们可以观察他们合作的方式、参与的程度。如果身边的小组没有合作学习或者不会合作，我可能就会提醒他们："老师要求你们干什么呀？快一点呀。"也可能参与组织他们的学习活动："你们四个同学，你第一个说，你第二个说，你第三个说，你好好听他们发言，然后总结一下，代表小组向全班交流。"因为有了预先沟通的基础，他们也很乐意听我的。这样，我很自然就成了上课教师的助教。

不是为了评价，而是为了促进，这是观课议课与听课评课在取向上的又一处不同。作为同伴课堂教学的观察者，我们不能只是纯粹的研究者。我们需要这样的意识：我不是等着下课来评价你的，而是在课堂上和你一起促进学生学习，帮助学生学会学习的；我身边的学生学得不好，不会学习，我心里过不去，你的教学出了问题我也有一定的责任；你的课上我给你当助教，我的课上你给我当助教，我们是同在共行、携手共进的伙伴。当助教，这是观课者的一个角色定位。需要注意的是，你又只是助教，要帮忙而不添乱：你不能喧宾夺主，不要抢了上课教师的"镜头"和风头。

六、学会体验和学生交流的幸福

施爱往往收获被爱，你关心了学生，学生往往给你更多的回报。对于学生回报的爱，我们不能无动于衷，要学会体验和享受，并由此生出继续到学生身边观课议课、去热爱和关怀他们的愿望。就此，我自己就有很多难忘的喜悦。比如：

2006年上学期，我到成都市红光小学的时间多一点，而且主要和两个班的同学交流。三周以后，一位一年级小朋友走过来说："陈叔叔，你要不要钱？"

和学生一起游戏，我以贪婪的表情伸开了手掌："要啊！多少钱？"

"一块八毛九。"

没有等我明白过来，学生扑在我怀里，小手掌在我脸上轻轻一拍："一块（巴掌）！"小手接着提一提我的头发："八（拔）毛！"再拧一拧我的耳朵："九（揪）！"同学们哈哈大笑。

我心中满是幸福，再次享受到了童年的乐趣。

观课时如何发现和思考

【问题】

"认真观察一节课,觉得上得很好,可就是发现不了问题,怎么办?"

【回应】

谁说一定要发现问题呀?难道只有发现了问题才能证明自己有水平?难道想通过发现问题证明自己比上课教师更高明?如果不是这样想的,那就抱着好好学习、虚心学习的态度观察和研究,不一定要去发现别人的问题。

发现别人的课好也是一种收获。现在的表达只是"觉得"好,这就不够了。最好不要只是觉得好,不能停留在"觉得"好。发现好就研究好,要研究为什么好,好在哪里,我可能借鉴和学习的东西是什么,然后把别人的好变成自己的"好",这不是更有意义和价值吗?

【问题】

"我总觉得自己不能很好地理解教学环节的内容,在我看来是一个简简单单的教学环节设计,从其他老师那里才知道意义却非常大,也是执教老师最用心设计的环节。在观课过程中,怎样更好地了解和猜测执教老师的设计意图与设计思路?"

【回应】

首先是主动猜测和猜想。观课是观察课的简称,对于观,宋代哲学家邵雍在《观物篇》中说:"夫所以谓之观物者,非以目观之也;非观之以目,而观之以心也;非观之以心,而观之以理也。"以目观物见物之形,以心观物体物知情,以理观物察物之性,观课不只是用眼睛看,还要同情性体悟,动脑子思考。南朝梁儒家学者皇侃在《论语义疏》解释了"视""观""察"的含义:"视,直视也。观,广瞻也。察,沉吟用心忖度之也。即日所用易见,故云视。而从来经历处,此即为难,故言观。情性所安,最为深隐,故云察也。"观课不能只是"视",而且要考察"从来经历处",也就是演变和发生以及未来的可能性;同时还要研究体会"情性所安",也就是考查动机和追求、意愿和目标。

其次是主动询问。学问学问,有学有问。观课议课不主张对别人的教学指手画脚,更主张先用问号了解和理解别人,在此基础上交流和对话。就新老师来说,这里的问号应该更多地用来询问和请教。新老师一定要虚心好问、不耻下问,在询问时态度一定要诚恳。

这里,要向所有准备做观课议课的老师建议:在用问号时千万不能咄咄逼人,给人以兴师问罪的感觉。有这样一则旁观教师的观察和感受:"2007年6月,我校进行了一次观课议课活动,由我校一名教师献课,教学内容是《秋天的雨》。观议主题是'如何引导学生品词析句'。献课完毕,诸教师齐聚一堂。主持人宣布开始。授课教师作观议说明,之后,议课开始。第一个教师提问:'你的主题是引导学生品词析句,但你的课件中,那幅图画和品词析句并没有直接关系,请问,你设计这幅画用意何在?'言辞甚是激烈,隐隐夹有风雷之声。授课教师当时显然缺少心理准备,脸上有些挂不住,但还是强忍着回答。有了第一个提问者的风向标,其他议课教师就顺着这种趋势,从课堂结构、课堂组织等诸多方面提出问题,劈头盖脸,泰山压顶般砸向授课者。此时的授课者方寸大乱,像一位孤独的斗士疲于应付。当时,我看得心惊肉跳,冷汗直流。若换了是我,我肯定是难以招架的。"

再次是要对比分析。询问过执教老师,了解执教老师的追求、想法以后,一定要有回头看的意识,"我今后能够借鉴的东西是什么?""我开始想的对不对?""为什么我想的和执教老师想的有差异?"……这样的回头看不仅可以帮助我们更好地认识、理解和接受自己,帮助我们改进自己的教学,而且有利于我们积累观课议课的经验,从中学会观课议课。

【问题】

"观察的优秀课例有很多,但真正能被自我吸收和利用起来的少之又少。应该怎样去发现对自己有用的东西?"

【回应】

我们可以先想一想观察课的时候,能从别人课上吸收和利用的东西是什么?

我以为,主要有这样三个方面:一是具体的教学手段和方法(比如,教学的评价用语,教学的组织方法,如何具体处理某一节课的教学流程和节奏,等等);二是具体方法背后的实践原则和策略(比如,教学导入的相关策略,对学生提问和理答的相关策略,等等);三是支撑这些原则策略的思维方式和价值观念(比如,语文学科的责任和使命,学生的地位和作用,教学的伦理和规律,等等)。作为一线教师,我们可能最为关注的是希望能获得实实在在、拿来就用的具体手段和方法。有这样一个例子:有一个研究"变式教学"的老师到中小学作"变式教学"的辅导报告,举了一个数学课例子:"一只蛤蟆一张嘴,两只眼睛四条腿;两只蛤蟆____张嘴,____只眼睛____条腿;三只蛤蟆____张嘴,____只眼睛____条腿;……N只蛤蟆____张嘴,____只眼睛____条腿。"以此引入"字母代数"的概念,课间休息时,听课的老师要求:变式教学的原理和规律可以不讲了,我们需要的是这种例子……具体的方法要学习,但我们要知道,具体的方法最缺乏远迁移的性质,具体方法的借鉴只是模仿;我们不能停留在模仿的学习中,要学会提炼具体方法背后的实践策略,研究背后的价值观念,这才是更有水准的学习和借鉴。我以为,新教师要特别关注的是实践策略,研究出实践策略来就有了借鉴、移植和创造的可能性;对于价值观念和思维方式,可能一时确实看不到实际的效果,但这犹如"一颗种子","种子"播下了,条件成熟的时候就会发芽生根。

我们不否定借鉴具体方法的意义。如果要借鉴有效的教学手段和方法,就一定还要研究采取这些方法、达成理想效果的条件,不是直接采用某些方法,而是努力创造这些条件,条件成熟了,实践起来就得心应手,效果也就理想了。比如,上课老师采取了绘声绘色的范读引导,我们要借鉴,就需要自己练一练范读，在上课之前自己要把课文绘声绘色地练读几遍。

【问题】

"观课的时候，怎么在角色代入和旁观者中做到平衡？"

【回应】

对这个问题的用意，我有这两个方面的解读：一是就教师的教学而言，如何处理旁观研究者角色与角色代入创造者的平衡；二是就学生学习活动而言，如何处理观察者和当助教的平衡。在此，我就这两种理解分别说一说。

王国维在《人间词话》中说："诗人对宇宙人生，须入乎其内，又须出乎其外。入乎其内，故能写之；出乎其外，故能观之。入乎其内，故有生气；出乎其外，故有高致。"借鉴过来，观课议课也提倡既"入乎其内"又"出乎其外"。"入乎其内"是作为研究者对授课教师要"入乎其内"地体悟，将心比心、同在共行地理解上课老师的处境、意愿和追求，这是发挥教学洞察力去读懂他人、读懂他人的教学。"出乎其外"是要从他人的教学中跳出来，自己以"虚践"的方式开拓教学新天地，"出乎其外"需要发挥教学想象力，以"假如我来教……"的视角进行教学的自我规划和设计。

我以为，是否需要角色代入，这也是听课评课和观课议课之间的一个区别：评课强调客观和公正，要尽量抛弃主观性，不太主张角色代入；观课议课的主要目的在于理解和发展，而且理解和发展的主要对象不是对方而是自身，这就需要角色代入。如何平衡旁观研究者和角色代入者的关系呢？在定位上，我以为：作为旁观者观察研究他人只是手段，研究和发展自我才是目的；但研究和发展自我需要的目的，需要借助他人教学观察与研究平台的手段，需要建立在对他人教学深刻认识和理解的基础上。分清了目的和手段，我想，作为一线教师自然可以找到两种角色的侧重点。在具体实践时，我个人的做法是：如果遇到的是水平较高的教学，我的主要精力可能主要在研究对方；如果执教老师的课上得很不理想，我可能就会做更多的角色代入，思考自己应该如何教，然后去完成教学再造。

就对学生学习的观察和帮助而言，我们的主要角色应该定位在观察者、研究者上面。定位于观察者，就是一定不要干扰老师的教学、不要妨碍教学的进程。只有在学生需要帮助的时候，我们才能根据实际的情况，适当地伸出援助之手。比如，学生在课堂上出现分心现象的时候可以适当地暗示和提醒；在学生遇到困难，授课教师和附近同学又不能提供帮助的时候，可以适当帮助；在小组合作、探究学习等学习活动推进困难的时候，可以适当地参与组织和提供指导。

观课议课的视角和指向

【问题】

"观课过程中应该重点关注哪些方面?一堂好课的标准是什么?"

【回应】

这些问题涉及好课的架构、理想课堂的愿景问题。教师主要生活在课堂教学活动中,每一个老师都会有自己的课堂愿景和梦想,现实的行动说到底都是在追逐和实现自己的教育梦想。观课议课是帮助我们达到未来目标的一种工具,在使用这种工具时首先需要找到方向,明确目标,不然就可能南辕北辙了(比如用观课议课的方式追求可能缺乏人文关怀的教学)。所以,我们需要先问一问诸如此类的问题:"一堂好课的标准是什么?"提出这样的问题不是为了知道他人的好课标准,而是为了建构自己的好课标准,为自己找到前进的方向和奋斗的目标。

因为社会环境、处境的差异,因为人生经历、经验的不同,人们很难找到一个大家一致认可的统一而稳定不变的理想课堂标准。如果你问我理想课堂的标准,我只能分享自己对此进行过的思考,以及自己当下心中的理想课堂。

一是对"什么是学生"进行过思考。课堂上坐着的是学生,教师是教学生的。那什么是学生呢?这是一个根本问题。经过思考,我找到的答案是,狭义的学生是在学校里,在成人、同伴帮助和影响下,学习生存的本领,获得生活的智慧,体验生命的意义、价值和尊严的人。学习生存的本领,获得生活的智慧,体验生命的意义、价值和尊严,这是学生到学校里生活的意义,也是他们应该承担的责任。在小说《深夜加油站遇见苏格拉底》中,丹对华金斯老师的教学曾经有这样的质问：这些东西同幸福和生活有什么关系？教育需要教给学生幸福生活的东西，帮助学生学习生存的本领、获得生活的智慧，这是我找到的选择、判断教学内容的依据，也是观察和讨论授课教师教学内容处理的一个视角。以语文教师为例，我们可以说，语文教师就不是教语文的了，而是教学生学"生"的，语文学科存在的重要原因是其蕴含着生存的本领、生活的智慧，并能帮助学生体味生命的价值和尊严，如果语文教学中不能对此有所回应和帮助，语文教学本身就失去了意义和价值。而让学生体验生命的意义、价值和尊严，这又是考查教学活动意义和价值的重要依据。

二是对影响课堂质量的要素进行了思考。教育的基本要素，大多的观点是教育者、受教育者（学习者）、教育影响。经过思考，我认为教育影响不是教育活动中的要素，而是教育者和教育内容、教育资源和手段结合所产生的一种功能。除了人，教育需要借助一些东西，因此，我把教育者和受教育者外的其他要素通称为"教育凭借"。教育凭借包括教育者和受教育者所学习的教育内容、在活动中所采用的教育工具和手段，以及教育活动得以展开的教育时空环境。基于教师、学生和教育凭借的课堂要素分析，我建立了这样的课堂质量模型（见图1），它提供了课堂教学改革、追求教学质量的抓手，也提供了课堂观察和研究的视角。比如，观察教师的教学状态，观察教师的教学策略；观察学生的学习状态，观察学生的学习策略；观察教学内容的合理性，观察教学手段的有效性，观察教学时间、顺序、节奏的选择，观察教学环境的营造和处理。

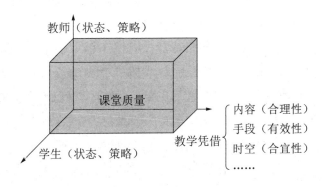

图1　课堂要素与课堂质量

三是对教育实践的特性进行了思考。写文章可以尖锐，做事一定要中庸。教育关涉千家万户，影响学生一生，讨论教育问题可以锋芒毕露引人关注，实践教育活动一定要积极稳妥不走极端。对于各种成功和有效的教学方法，我个人的看法都是"这个可以有，可能也很有价值，但不能全是它，而且可能有些教学内容并不适合有些学生"。之所以这样思考问题，是因为学生未来人生的需要是丰富多样的。比如，他们既需要对人类优秀的历史文化怀有足够的敬意，又需要有批判、超越和突破的勇气；既需要合作探究，也需要独立思考……而满足学生未来人生完整而丰富的生活需要，教师既需要对学生施以理解、接纳、包容的母性之爱，也需要规则、规范、当头棒喝的父性之爱；既要看到当前课堂上不重视学生主体性的主要矛盾，要下大力气在课堂上让学生活起来、动起来，又要避免出现教师放弃引导的一边倒现象；既要看到课堂效率低下的主要问题和矛盾，着力提高课堂效益，又要避免盲目提倡和追求高效教学，使学生在课堂上过分紧张，缺乏必要的闲适和舒缓，影响学生当下的生活质量。一方面，学生人生所需要的教育总体实践应该丰富和平衡，就像我们不能一辈子只补充某一种营养；另一方面，在某一次具体进餐的过程中，我们又会有所选择和侧重，具体到某一课的教学内容、教学方法，不能面面俱到，蜻蜓点水，而需要根据实际情况突出重点，有所选择。这样，我们观察课和讨论课的时候一方面要有整体观念，另一方面又一定要理解上课教师的选择和取舍，不能不顾教学实践的特性求全责备、以片面的思考加以否定。

经过以上几个方面的思考，我心中的理想课堂有以下一些特征，观课议课也可以从这几点着眼。

第一，理想课堂要致力于帮助学生实现当下的幸福生活。从道义的角度讲，今天的孩子在课堂上生活得太苦，我们不能不就此有所努力、有所改变；从工作规范的角度看，幼儿园、小学、中学的"教师专业标准"都有促进"学生生动活泼学习、健康快乐成长"的类似表述，《义务教育学校管理标准（试行）》还有"将促进学生健康快乐成长作为学校一切工作的出发点和落脚点"的特别要求；从实际效果看，生活因为可爱而热爱，生命因为被珍视而珍惜，只有可爱的生活才能让学生热爱生活、热爱学习，快乐的课堂生活、积极而热情的学习状态更有利于学生的成长和进步，更有利于学业成绩的提升。我观察课，大多是把这个放在第一位的，在这一个方面做得不好的课，常常会引发我的腹诽。

第二，理想课堂致力于教师在教学中的幸福生活。对于课堂和教学中的幸福生活，我们有如下想象和展望：（1）课前有期望，老师盼望进教室；（2）课中有创造，教学过程中能胸有成竹、得心应手地回应教育事件和情境，能富有创造性地高质量地完成教学任务；（3）课后能审美，对课堂教学回望和审视，能获得符合期望的愉悦和温暖的体验，包括对自身能力实现和发展的审美，对教学劳动过程和劳动效果的审美。

把改善教师和学生的生存状态放在理想课堂建设的优先位置，体现了我们在理想课堂建设中以人为本的课堂价值观。这是建设课堂教学中的"生态文明"，而不是单纯强调"效率优先"。

第三，理想课堂在教学内容上要为学生幸福生活奠基。杜威在《民主主义与教育》中说："课堂教学可以分成三种：最不好的一种是把每堂课都看作一个独立的整体。这种课堂教学不要求学生负起责任去寻找这堂课和同一科目的别的课或和别的科目之间有什么接触点。比较聪明的教师注意系统地引导学生利用过去的功课来理解目前的功课，并利用目前的功课加深理解已经获得的知识。……最好的一种教学则牢牢记住学校教材和现实生活二者相互联系的必要性，使学生养成一种态度，习惯于寻找这两方面的接触点和相互的关系。""牢牢记住学校教材和现实生活二者相互联系的必要性，使学生养成一种态度，习惯于寻找这两方面的接触点和相互的关系"，帮助和促进学生幸福生活，这应该成为我们的一个教学追求方向，是教材研究和处理的一个原则，也可以成为观课议课的一个视角。

第四，理想课堂是合适教学效率的课堂。有效教学首先是有效果的教学，有效果意味着教师讲的话学生愿意听，学生愿意按照教师的要求去行动。"风物长宜放眼量"，有效益的教学是把学生在课堂上的收获与变化放在一个较大时空（比如超越眼前，超越局部，超越个体）背景中审视，其变化是积极的、有益的。有效率的教学要基于有效果的教学、有效益的教学，从投入和产出的关系看教学效率，教学效率＝同学们围绕合理教学内容的比较紧张的智力活动和有价值的情意活动时间 / 教学所用时间，这个公式的核心理念是：有效率的教学应该基于成长、基于变化；学生的成长变化通过学生的学习活动实现，实现途径是借助比较紧张的智力活动，用"登山"的方式实现。

议什么？怎么议？

【问题】

"观摩一堂课时，经常会被执教者设计的一些环节吸引，也会对一些环节有不同的想法，可是在议课的时候缺乏专业术语，讲得过于直白或者难以将自己最真实的想法付诸语言，议课缺乏系统性。"

【回应】

议什么？从事实判断走向关系发现。与"我觉得你的课有这样一些优点……""我认为你的课在这些方面存在问题……"的事实判断不同，也与"我建议你这样教……"的简单行为矫正不同，观课议课关注的是教与学的关系发现，教学行为及其背后追求、假设的关系发现，以及教与学的新可能性的发现，通过发现的关系重新思考和改善现有关系，最终实现教师专业发展和教学改进。

实践经验告诉我们：一方面，老师们更愿意"摸着石头过河"，对不从实际效果出发的教学批评老师们常常心生抵触，而对不能带来理想效果的行为变革建议老师们更会敬而远之；基于此，观课议课坚持以学论教，从学习结果和效果出发，去充分认识和理解教学行为和教学效果之间的关系，发现效果不理想的教学行为，提供对改善实践效果可以积极预期的行为改进建议。另一方面，就行为讨论行为、不能抵达灵魂（观念和假设）的行为改良往往不能持久，旧有的不合理行为常常会"卷土重来"。基于此，观课议课要致力于发现行为背后的教学理念、教育价值观念和思维方式，通过对教学理念、教育价值观念和思维方式的梳理、反思与改善，从源头开始改善教学的实践过程,达成更好的教学效果,实现真实而持久的教学变革与教师专业发展。

把上述认识和思考转化为实践,我们主张以外显的、可以观察的教学行为为抓手,既把行为与效果结合起来,以满足教师"摸着石头过河"的思维惯常;又通过反思和对话,把行为和认知结合起来,以抵达和触及教师背后的观念和假设。让行为的"扁担"系上"绳子"挂上"筐"(如图1),从中发现教育假设—教学设计—教的行为—学的行为—学的效果之间的关系和联系,这也是教师专业发展和教师专业实践的知行合一。

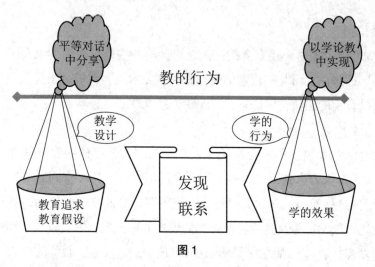

图1

强调对这种关系的认识和发现,意味着观课议课从事实评判走向教学研究,使观课议课具有研究性。杜威说:"一个孩子仅仅把手指伸进火焰,这还不是经验;当这个行动和他遭受的疼痛联系起来的时候,这才是经验。"可以说,认识、发现了行动和行动效果的关系才算获得了经验。研究是什么?研究的任务和结果是什么?我以为,都是关系发现,是真实的关系发现,是可靠的关系发现,是新的关系的发现,也是新的行动可能性与新的实践效果的发现。

我们很多老师担心自己说不出专业术语,我以为这里担心的问题是没有太大价值的。教育研究的话语是什么?德国教育家布雷涞卡在《教育学知识的哲学——分析、批判、建议》一文中说:"教育行为只能在目的和手段关系的框架中才能得到理解。教育科学并不只是一种描述事实的科学,而且是一种分析目的和手段的科学。我们应该抛弃过去那种认为教育学理论是自然科学的认识的错觉和批评,教育学应该是获得教育行为的客观认识的教育科学,规范教育行为和价值趋向的教育哲学,只为实践不为科学的指导合目的教育行为的实践教育学的总和。"我以为,一线老师不要为离开实践、远离目的手段的高深空洞的理论所迷惑,议课不要离开对"教育假设""教学设计""课堂上教师教的行为""学生学的行为""学生学的效果"之间关系的认识、理解,转而去用一些所谓的专业术语表达自己似懂非懂的无用理论。能深入地发现其中的关系,并能用来改变这些环节和要素,你就有了自己的理论和方法。可以说,揭示了这样的关系就是研究,表达出了这样的关系就是理论,改变了这些环节和要素就是效果。

怎么议呢?基于乔哈里资讯窗的议课流程设计。在上个世纪50年代,美国心理学家乔瑟夫·勒夫(Joseph Luft)和哈里·英格拉姆(Harry Ingram)提出了一种后来被称为"乔哈里资讯窗"的理论。"乔哈里资讯窗"告诉我们,在你(相对"我"的"别人")我彼此之间存在着这样四个窗口(如图2):你知我知的"开放区";你知我不知的"盲区";我知你不知,而且我没有告诉你的"隐蔽区";你不知我也不知的"未知区"。

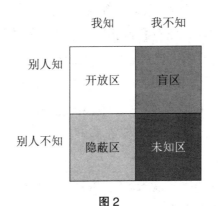

图2

"乔哈里资讯窗"提供了信息交流的过程管理工具。借助该工具,基于教育现象的议课可以采取这样的流程(如图3):

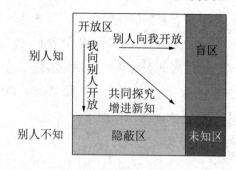

图 3

（1）建立议课对话的"开放区"。这里的"开放区"是课堂上曾经发生的真实故事：就授课教师来说，这是自己在课堂上做过的；就观课教师来说，这是在课堂上观察到的事实和现象，这是彼此都知道的。建立"开放区"的方法是观课教师以"我发现……""我注意到……"为起句描述有讨论价值（蕴含教学困惑、疑难和启示）的教学故事。建立这样的"开放区"使教研的对象不是针对上课教师的人，也不是针对笼统的课，而是聚焦于课堂上的事实和现象，这不仅有助于提高教研的指向性和针对性，而且"面向实事本身"的方式可以使参与者心态平和地进行交流和讨论。

（2）引导"你"向"我"开放，缩小"我"的"盲区"。观课教师描述课堂现象后，一定要压抑住对教育现象进行评判的欲望，因为这样的评判有可能使对方表达、交流的意愿和热情"胎死腹中"。促进开放的方法，是"我"在陈述课堂上的事实和现象后，使用"我想问，你为什么这样处理"的问句请执教教师、其他参与者作出回应和解释。这样的请教一方面是尊重执教教师、其他参与者表达教学主张的权利，另一方面是表明自己作为学习者的定位和希望分享、讨论的态度。

（3）"我"向别人开放"隐蔽区"。执教教师（也包括其他参与者）在分享自己设计和组织相关教学活动、应对课堂现象的思考以后，一定要主动向提供讨论案例的教师和其他参与者提出诸如此类的反问："不知道你是如何看待这一现象的？"回应这样的反问，作为案例提供者和其他参与者的"我"需要打开自己的"隐蔽区"，诚恳地表达自己对课堂现象的意见和看法。

（4）共同探索"未知区"。上述两种开放，实现了参与教研活动老师彼此之间的相互了解和理解。但仅有相互了解和理解远远不够，教研需要有面向"未知区"的探索，需要有解决问题、发现其他可能性的讨论，以达成对教学现象的共同理解和未来建构。共同探索"未知区"可以围绕彼此交流的疑惑和新的实践可能性展开。比如，对诸如"更好的处理和应对方式是什么""对这个问题还有没有其他处理方法"等问题进行讨论。

探究"未知区"需要教育想象力，并采取"欣赏型探究"的理论和方法。"欣赏型探究是一种以优势为本的能力建设理论，欣赏型探究的核心是要增进系统内成员有关对话的生成能力，改进人们的交谈方式，特别是关注人们采取的隐喻与叙事，开展支持成员最高价值和潜能实现的各种行动。欣赏型探究抛弃了传统上那种纠缠问题、聚焦缺失的组织发展观，强调组织管理变革，重要的是要发现组织已有的长处和优势，进而引导组织成员共同追逐梦想和实现梦想，从而推动组织管理的积极变革和发展。"（张新平）

（5）主持人小结议课的过程和收获。小结应该包括以下内容：讨论了什么现象？交流了哪些观点？讨论了哪些方法和手段？还有哪些问题没有解决？对于没有解决的问题有哪些后续的工作要完成……这样的小结要议课参与者从教研的经历体会收获和进步，谋求创造和变革。

如何形成一种"同在共行"的关系

【问题】

"观课议课主张在参与者之间建立'同在共行'的关系,可具体到每一个个体都是有差异的,在这样的情况下,怎么才能达成真正的'同在共行'呢?"

【回应】

人本主义心理咨询理论的创立人卡尔·罗杰斯在他的晚年曾经说过这样一段话:"有一种简便的方法来形容我自己所发生的变化:在我职业生涯的早期,面对来访者我就会急急地思索——我该怎么治疗、帮助或改变这个人?现在,我面对着来访者,则会自然而然地关注——我该怎样来提供一种关系,形成一种氛围,以使这个人可以借助于这种关系和氛围,来解决自己的问题,实现个人成长。"观课议课不仅谋求建立一种关系、提供一种氛围促进他人成长,而且也强调在这样的关系和氛围中自我发展和成长,这就是我们所主张的"同在共行"。

"同在"一是我们"同在"教育实践的现场,共同面对教学的问题和困难,你的问题也是我的问题,你的遭遇也是我的遭遇,你的困境也是我的困境,我不置身事外,我站在你的处境中理解,基于自己对实践的理解我思考和讨论如何解决我们共同的问题。二是在整个观课议课中,我们人在心也在,人在情也在,人在智慧也在;不能人到心不到,人到情不到。

"共行"意味着我们有共同的身份和方向,我们都以行动者和实践者的身份定位。我们研究的对象是实践,我们基于改善行动而研究,改善实践和行动是我们共同的目标。另外，我们都是学习者，观课议课中，我们之间不是谁帮助谁，而是相互切磋、相互砥砺、相互帮助，一起前行。

"同在共行"强调要真诚地想理解对方，凡事多在了解对方、充分理解对方的基础上讨论，避免自己的主观臆断。在理解对方的基础上，真心地贡献自己对相关实践问题的意见和看法，传递自己希望讨论、希望用自己的实践方案引起对方批评的意愿。一方面，"让我们共同漫游，向那'产生于上帝笑声回音的，没有人拥有真理而每个人都有权利要求被理解的迷人的想象的王国'前行"。另一方面，"不管在何人手里寻到真理，我都会表示欢迎和亲近，并且会轻松愉快地向真理缴械。当我看见真理远远向我走来时，我会立刻作出投降的姿态"（蒙田）。只要大家都真诚和真心，这就有了"同在共行"的基础。

在立场上要站在实践者、站在对方的角度理解。旁观者（参谋）角色和实践者角色的思维方式和实践方式一定会有差异，作为实践者要理解参谋者期望尽善尽美的意愿，接受他们的意见和建议；作为参谋的旁观者要理解实践中的问题解决无法尽善尽美，只能根据情况有所选择和取舍。我们建议：在讨论相关问题的时候，一定要站在实践的立场上建议。作为缺乏经验的年轻教师，要站在老教师的角度理解他们曾经的经验，体会他们通过批评帮助自己的良善动机；作为有经验的老师在交流的时候，也要考虑年轻教师的实际和现状，想想自己当初可能还不如这些年轻人。对于年轻人，气可鼓而不可泄。

"同在共行"是不是要达成意见和处理方法的彼此一致呢？不是的。就"同在共行"的文化标识，我曾经有这样的抽象：

（1）人际"和"。

"和"意味着和谐，它是差异中的谐动和一致；"和"还意味着和睦，彼此在友善和关爱中共生；另外，"和"也是合作，不仅意味着共同担当，也意味着在活动中互相帮助。"和"是一种方式，"和"是一种氛围，"和"是一种力量，"和"也是一种境界。"和"既是观课议课出质量、出效益的保障，又是观课议课试图达成的一种文化境界。

从目标动机看，"和"强调参与观课议课者心往一处想，并为改善实践的共同目标而努力。观课议课是参与者自我成长和帮助他人成长的目标整合,是自助、他助和助他的互动和统一。有效的观课议课,参与者需要建设和发展一种"互相培养的合作性同事关系"(佐藤学)。

从参与者的行为方式看,"和"意味着对在场他人的理解、尊重和保护。这种尊重和理解体现在尊重他人的发言和观点,理解他人的处境和立场,欣赏他人的思考和创造,在对自身经验保持开放中接纳他人,给他人机会以成就他人,保护彼此参与观课议课、讨论教学问题的积极性和主动性。

(2)求"不同"。

"不同"指在与周围的人保持和谐融洽的关系时,对待任何事情都必须经过自己大脑的独立思考,不人云亦云,不盲目附和与苟同。"和"并不是同质,也不是没有差异,而是要尊重不同和差异。

求"不同"首先基于对课堂教学本质的认识和理解。一方面,教学受多种因素的影响和控制,具有发展变化的多种可能。另一方面,教学改进并不仅仅是认识问题,也是一个以认识为基础的生活改进问题;教学活动对于教师具有生命价值和生活意义;生命价值的存在和选择、生活意义的获得和创造本来就是丰富多彩的;基于生活的特殊性,需要给"不同"留空间,需要存"不同"。求"不同"意味着议课的目标不是在不同意见中求"一",而是在现有课堂的"一"中探讨出"多"的可能来。"多"的价值在于既为参与者的自由选择奠定基础,同时也为参与者的自由创造空间。事实上,有碰撞的思想交流才能产生新的思想火花,才能产生新的智慧。只有用不同的观点和经验,才能刺激和引起对原有经验的反思。观课议课的效益源于相异的信息刺激,以及由此激荡的讨论和反思。

"不同"意味着参与者的独立思考,承认彼此的差异性,鼓励参与者发出"不同"的声音,尊重"不同"的方式,理解"不同"的表达,接受"不同"的结果。观课议课追求在差异性和多样性的对话交流中激发人的创造性和超越性,它强调尊重和张扬人的理性和自由精神。

从参与者的行为方式要求看,一方面我有"誓死捍卫你说话的权利"的责任,另一方面,我又有"不同意你说的话"的权利。在尊重他人的同时,参与者又要尊重自己,在议课时自信而不封闭,虚心而不盲从。

（3）致力"思"。

法国思想家帕斯卡尔说"人是一根会思想的苇草"。本质上，人因思而变。与评课多用句号比较，议课强调多用问号。句号用作陈述和评定，问号引起对话和反思。强调用问号，一方面是强调通过询问互相理解，使议课建立在彼此理解的基础上；另一方面是为了促进参与者不断思想，把思想从习惯的名词用法激活为动词状态。人在思在，人在智慧在。

（4）追求"诗"。

德国诗人荷尔德林说："世界充满劳绩，人却诗意地栖居在大地上。""思"是人的生存方式和手段，"诗"是人的生活目标和归宿。我们认为，"诗意"生活是一种富有理想和希望的生活，是一种对自身当下处境顿悟，并由此而自由创造和不断超越的生活，是一种超越世俗功利欣赏、转而欣赏自身创造力量的审美生活，是一种因为创造和超越而享有愉悦、丰富和充实的自由精神生活。

在观课议课文化中，"和"是前提和基础，"和"了大家才愿意坐在一起。"不同"是策略和手段，"不同"为"诗"的创新和超越创造条件。"思"是核心和纽带，是有效改变的前提。"诗"是生活的终极目标和结果。

如何在观课议课中研究案例

【问题】

"观课议课要基于现象研究问题,要基于案例研究问题。如何基于教育案例进行研究呢?"

【回应】

中小学教师的教学研究主要有这样两个典型特征:一是以教师最为关心的教学实践活动和问题为对象,教师所研究的主要是自己(或同伴)已经遇到或可能遇到的问题;二是以教学的实践现场为主要研究场所,研究主要在教学活动的现场展开。"问题"和"现场"是教师教学研究的两个关键词。扣住"问题""现场"的教学研究关键,观课议课实践和提炼了从现场到问题的案例研究、从问题到现场的行动研究两种路径和研究模型。

如何理解和研究教育案例呢?

对于教学案例,不同的研究者有不同的理解和表达。我认为:(1)就其结构和作用而言,案例和寓言具有某些一致性,"寓"是寄寓、放置,"言"是人生道理,寓言就是寄寓着人生道理的故事;教学案例就是蕴含教学问题和疑难或者能提供教学启示的教学故事。(2)就其来源,寓言大多来源于杜撰,而教学案例应该来源于真实的课堂实践和课堂观察。

寓言的作用实现依赖于对寓言意义的领悟,教学案例的价值实现依赖于对案例中问题、疑难和启示的研究。就教师的专业实践和专业成长而言,缺乏背景、故事支持的理论学习可能是枯燥和难以实践运用的;但仅仅停留在知道某一案例中故事的表层学习可能"当时热闹,过后忘掉"。想避免"过后忘掉"，案例研究需要从具体的操作程序和方法中跳出来，通过对教育问题、疑难和启示的研究，去把握更上位的教育实践方法、教育实践原则和教育实践伦理。

追求有效教学是教学研究的一个重要目的，以学论教是教学案例研究的定位和依据。从学习效果出发，我们可以把教学案例分为学习效果比较理想的案例、学习效果不太理想的案例、当下效果未曾显现存有疑惑的案例。对不同的教学案例进行研究，可以有不同的目标指向。

一、从效果理想的案例中发现有效教学的实践策略

效果理想的案例可以借鉴和模仿，但如果缺乏深入的研究，盲目地借鉴和模仿就可能东施效颦、南辕北辙。德国教育家布雷津卡认为："教育行为只能在目的和手段关系的框架中才能得到理解。教育科学并不只是一种描述事实的科学，而是一种分析目的和手段的科学。"对效果理想的教学案例进行研究，主要目的在于发现达成理想效果的手段和方法，从中找到能为我所用的教学策略，通过从"个"到"类"、从"典型"到"一般"的研究和概括，解决好案例知识"远迁移"、在更大范围内进行借鉴的问题。

比如，有这样一个案例：

生物教师马老师刚一进教室，学生就大笑起来。原来黑板中央挂着个吹得胀鼓鼓的猪膀胱，旁边还写着："请讲讲猪尿泡是怎样割下来的，有什么功能？"马老师没有气恼，只是静静地说："这位同学用生动直观的方法提了一个生物学问题。看来这位同学对解剖学很感兴趣，有很强的求知欲。因此，我不以为这位同学的行为是完全错误的，说不定他还会成为一个解剖学专家呢。不过，大家笑也是有道理的。提猪尿泡的问题就挂一个猪尿泡，这是完全没必要的。难道提出关于人脑功能的问题也要挂一个人脑吗？"马老师接着说："敢于提问很好，但这个问题现在还不该讲，过一段时间我们会讲这一问题的。到时候希望提问题的同学能认真听。"下课后，一个学生主

动承认了错误。①

"学生主动承认了错误",这里有一个比较理想的效果。对于这样的案例,我们不能仅仅停留在对教师个人魅力、能力、效果的赞美和欣赏上,因为这样的欣赏和赞美只是一种"临溪羡鱼"。研究意味着要"退而结网",要从效果理想的案例中发现教育实践的启示,从中找到达成理想教育效果的方法,获得为我所用的实践策略。研究这个案例,我们可以借鉴以下策略面对教学意外:(1)对于学生的恶作剧(或者挑衅)不要气恼,要接纳学生的不成熟,理解他们的淘气(甚或是恶作剧的)举动;(2)要尽可能地用积极因素克服消极因素,善意解读学生言行,找他们值得肯定的言行加以肯定;(3)对不合理的言行,教师要尽到教育和引导的责任,教育和引导时又要具体而有针对性地指明学生的错误;(4)要说明解决问题的态度和方法,要让学生看到老师对他们的合理要求、意见的重视和尊重。

二、研究不理想的教学案例的原因并进行教学重建

对效果明显不理想的教育案例进行研究,需要找准原因,并根据原因对症下药地进行教学重建。

我曾观察过一节小学数学课:

老师在黑板上写出题目,然后在四个大组中各找一名同学演算。同学演算时,其他同学无事可做,有的开起了小差。老师一看,问同学们:"你们组的代表在做题,你们该怎么办?"同学们说:"给他们加油。"老师不假思索:"对,大家可以为本组的同学加油。"同学们一下来了劲:"×××,加油!""×××,加油!"紧张带来压力,四位同学有三位做错了。老师另找四位同学检查,又有两位同学不知道什么地方错了。老师很生气:"刚才在干什么,这么明显的错误都没有发现?"这两个同学低下了头……

---

① 引自郭启明、赵林森《教师语言艺术》,语文出版社 1998 年版,第 134—135 页,有删节。

围绕这一现象，我与执教老师有这样的议课交流：

陈："×老师，那两位同学没有发现明显的错误，你想过没有，原因是什么？"

执教老师："当同学们在黑板上演算的时候，他们在开小差。"

陈："我注意到他们在喊'加油'，当时他们的心思都在这上面了。"

执教老师："看来，我不该批评他们。因为'加油'是我要求的，他们在按我的要求做。"

陈："那你当时是怎么想的？"

执教老师："我觉得课堂上太冷清，下面的学生没有什么事做，不是说让学生动起来吗？我觉得喊'加油'可以让学生动起来，而且可以活跃课堂气氛。"

陈："课堂要让学生动起来，这我很赞成。问题是：促进学生智力发展的应该是智力活动还是体力劳动？"

执教老师："我是教数学的，主要还是智力活动吧。"

陈："对呀，只有肌体运动没有智力活动达不到促进学生智力发展的目的。如果要让更多的学生参与到智力活动中，你觉得在这个环节可以作出怎样的调整？"

执教老师："我想，是不是可以让其余学生在下面自己做一做黑板上的题，然后让他们对比自己和那四位同学的做法？"

在分析和研究效果不理想的原因时，要尽量避免归因于学生——"他们在开小差"，因为仅仅在学生身上找原因，不仅无助于教师自身的成长和进步，而且可能使老师对学生不再信任，甚而可能恶化师生之间的关系。事实上，学生不理想的学习行为、学习效果或多或少都和老师不合理的教学行为有关，教师不能讳疾忌医，而应直面问题，在自己身上找原因，找准了原因，教学实践的重建才有可靠性。

杜威在《民主主义与教育》中说："如果思维不和提高行动的效率联系起来（不和增加关于我们自己和我们生活的世界的知识联系起来），这种思维就是有毛病的。"作为实践者，教师研究教育案例的根本目的不在于认识和理解教育案例，而是从案例中获得实践性知识，用所获得的实践性知识改善未来的教育实践，提升教育实践的合理性和有效性。这样的过程就是教学重建的过程。这里的教学重建不仅包括教学行为的重建，而且包括教学观念的重建（比如，对"让什么动起来才能更好地促进学生学习"的观念变革；学生课堂上的问题大多和教师教学的不当有关），以及教学思维方式的重建（比如，出现不理想的效果后要多从自己身上找原因；要针对原因寻找解决问题的办法）。案例研究要特别关注教学观念和思维方式的重建，可以说，教学观念、思维方式的重建对教师的专业发展更为重要。

三、研究存有疑惑的教学案例既要"入乎其内"又要"出乎其外"

对于一时看不清楚效果、存在疑惑的教育案例，案例研究要充分理解案例中的行为，批判性地认识案例中当事者的教育教学行为，既要"入乎其内"地理解，又要"出乎其外"地超越。如下例：

在一节语文课上，同学们不由自主地为一位读书很有感情的同学鼓掌。等掌声停下，这位老师却对同学们说："对不起，我忘了给大家说，我的课堂拒绝鼓掌，请大家不要在我的课堂上鼓掌。"班上的学生表情不一。

授课教师的做法让人不解，对这种让人不解的案例我们不能囿于成见而简单地进行肯定和否定，而是要先以"空杯心理"去"入乎其内"地领悟上课教师的行为。在这里，领悟的对象不能停留在具体的行为上，行为蕴含理念，更重要的是领悟行为背后的价值和理念："他为什么会这样说？""这样做基于什么样的考虑？"

一般来说，之所以拒绝是因为有害或者无益，要理解上课教师，就需要想一想课堂上的鼓掌有哪些无益和有害。寻找课堂上鼓掌的不合理之处，我们可以有这样两个方面的发现：首先，课堂上的掌声往往只为优秀的学生而鼓，相对落后一些的学生可能始终无法得到同学们的掌声，这会使那些得不到掌声的学生丧失自尊和自信，课堂上的掌声形成了"马太效应"，扩大了学生与学生之间的差异；经常获得掌声的学生还可能看不起没有得到过掌声的学生，并由此可能出现对立，这样的鼓掌有可能导致课堂上的阶级分层。其次，课堂上的掌声很多时候只是为结果而鼓，读课文读得好，"棒棒棒，你真棒！"回答问题精彩，"行行行，你真行！"……由于没有对受鼓励的具体行为的说明，被鼓励的学生不知道自己该坚持什么，其他学生没有从中得到努力和成长的方向指引，也不知道可以从中学习什么，这样的鼓励价值不大。理解了这两点，我们就会对执教者的用心表示敬意。

在"入乎其内"尽可能理解上课教师以后，我们又要"出乎其外"，"出乎其外"的方法是在研究的基础上，对自己原有教法、案例中教师的做法有所批判和超越。比如，可以进一步研究这样的问题："怎样更合理地通过鼓掌的鼓励方式促进学生成长进步？"由此我们可能形成这样的认识：不能为先天因素的差异（比如智力水平和能力的差异）而鼓掌，可以对后天的努力和成功的方法鼓掌。比如，我们不能因为某某某的答案精彩而鼓掌（这可能使某些智力相对低下的同学得不到掌声），可以为他获得这个答案所付出的努力和采取的方法而鼓掌。在鼓励和奖励时，要把鼓励和获得奖励的原因结合起来。推而广之，鼓励和奖励这样，惩戒也应该这样。课堂上是可以惩戒的，但惩戒的对象应该是后天的违规行为，不能针对先天的能力水平实施。比如，对于学生没有完成作业，如果是因为能力不够、不能完成，我们是不能批评的；如果是因为不做作业，学生不承担学习的责任，我们就应该批评教育，这样的批评教育是促进他们进步，是对学生的成长负责任。

如何用观课议课做教育科研

【问题】

"观课议课是一种有效教研的工具,作为教师,我们还需要教育科研。请问,教研与科研有什么区别?能不能用观课议课作为教育科研的工具?如何实施?"

【回应】

教研和科研是中小学教师教学研究的两种常见方式,两者都以教学实践中的问题和现象为研究对象,以发现教学实践行动和实践效果关系为手段,以确定更为合理的教学目的、选择更有价值的教学内容、采取更有效的实践方式变革教育现实为目的。两者的主要差异在于:教研是一种相对较为自由的研究,在研究的设计性和系统性上没有严格的要求,研究的持续时间一般也比较短;科研则有相对严格的研究要求,有一套"提出问题—寻找解决问题的方案—验证方案—得出结论"的规划和研究过程,持续时间比较长。

观课议课的教研模式是从现场到问题的研究:研究者在走进教学现场——教室之前没有明确具体的研究问题,对教学活动进行观察,发现了有研究价值的教学现象和问题,然后在议课中对相关现象和问题进行研究,主要采取案例研究的方法。观课议课的科研模式主要采用行动研究的方法。对行动研究的理解,我们以为:从目的看,行动研究是为行动而研究,通过对教育活动的研究改进行动者的实践,从而提高行动质量,增进行动效果;从研究对象看,行动研究是对行动进行研究,它强调回归实践,以实践中的具体问题，以行动者的现实问题为研究对象；从研究方式看，行动研究在行动中研究，它是在实践中、在行动现场中进行的研究，教师的行动研究是行动与研究、教学与研究统一结合的教育教学活动；从研究主体看，行动研究主要由行动者研究，中小学教师是自己行动的研究主体。

对行动研究的过程和推进，已故的课程论专家施良方先生认为，行动研究的循环过程可转化成一组以教育活动为背景的陈述：

（1）我的教育价值观遭到实践否定时，我碰到了问题（比如：我的学生在我的课上并不如我所要求的那样积极参与）。

（2）设想着解决这个问题（重新组织以使他们的积极性提高，是小组活动还是进行结构性练习）。

（3）我实施这个想象中的解决方案（我让他们进行小组活动，并引入了有结构的练习，使他们在没有我经常监督的情况下，提出和回答问题）。

（4）我评价我行动的结果（我的学生参与性强多了，但他们太吵闹，并且在有结构性练习的情况下仍依赖于我）。

（5）我根据自己的评价重新系统阐明问题（我必须找到一种方法，使他们既积极参与又不太吵闹；我必须找到一种方法，使他们在自身的发展中更具有独立性）。

观课议课主要是一项集体的教研活动，需要从"我"到"我们"的转变，参考施良方先生对行动研究的刻画，观课议课有这样的科研流程：

一、前期准备

与教研比较，科研更加强调研究的设计性和准备性，从问题到现场的观课议课强调走进教室之前要作好精心的设计和准备。

（1）确定行动研究的问题。行动研究的问题主要有这样三个来源：一是来源于实践中的困难，比如研究"小组合作学习如何组织更有实效"；二是来源于学习和借鉴，比如在学习思维导图相关知识和技能以后，可以研究"如何运用思维导图的工具促进学生学习"；三是来源于学校教学变革的课题分解，比如学校在研究有效教学实践的课题并推广导学案，观课议课就可以研究"如何基于导学案开展课堂教学"。

　　研究小组选择和确立行动研究问题的时候，应该有一个参与者一起协商讨论的过程。协商的过程也是组建研修团队、形成研究方案、明晰研究内容的过程。在协商时，不仅要协商通过研究的问题和方法，而且要协商研究的任务分工和各自承担的研究责任。

　　例如，2007年6月，我和《四川教育》记者到四川省绵竹市紫岩小学做观课议课。授课课题是"太阳是大家的"，和授课老师协商，我们明确了观课议课的主题"如何引导学生体会诗情"。对主题进行分解，我们确立了"（1）诗中蕴涵了哪些情感？体现在什么地方？（2）老师在引导学生体会诗情时，采取了哪些有目的有意识的行为？（3）学生体会诗情的过程、状态和效果如何"三个方面的研究内容和任务。要求每一位参与者在这个过程中研究教材、反思过去、观察教学，明确了每一个参与者研究教材和教学目标、研究实现特定目标（体会诗歌感情）的有效手段、观察研究学生学习状态和学习效果的参与任务。

　　（2）确定变革方案。行动研究具有"准实验"的科研特征，"准实验"意味着要在行动中观察、研究和验证变革的方案。如果没有形成变革的行动方案以供实践、观察与研究，观课议课就失去了行动研究的特性。

　　对常态教学进行观察研究对于改进教师的日常教学行为更有利，从这种意义上看，从现场到问题的案例研究不主张上课前的集体备课，而是鼓励执教老师不以展示自己水平与能力的取向授课，平常怎么上，研讨课就怎么上。而从问题到现场的行动研究则不然，集体备课有利于集思广益，共同发现更有实效的改革方案和措施，这种稳妥的做法体现了对学生的负责态度。

　　形成变革方案需要集体备课，它是筛选、提炼和论证的一个研究过程：在方案筛选和提炼阶段，既要充分挖掘、梳理团队成员的经验和身边同事的成功做法，又要学习、借鉴书本和他人处理相关问题的经验；在将变革方案投放到教学实践之前，要认真对方案进行论证，论证可以从教育伦理、教育科学、教育实践经验、现实可行性等方面展开，这样的论证可以使我们对教育变革既不无所作为也不任性胡为。

（3）观课前的课前会议。课前会议需要明确课堂教学中将要发生的变革，观课议课的目标和任务，观察的步骤、方法。课前会议还需要对观课议课进行任务分工，检查观课议课的相关准备。

二、实施阶段

行动研究的"准实验"要求不仅需要有变革行动的方案，而且要完成对方案有效性、合理性、可行性的观察和论证。案例研究主要聚焦于课堂现象，行动研究借助课堂现象聚焦于问题，主要围绕行动研究的问题和针对问题的变革方案展开。

在观课议课中需要观察和讨论这样一些问题："变革的教学方案带来了哪些方面的变化？是否解决了实践中的问题？在哪些方面、多大程度上解决了实践中的问题？""方案是如何解决实践中的问题的？变革的行动和实际效果之间存在着什么样的因果关系和必然联系？""方案中的哪些方法和策略可以成为付诸实践的教学常规？""方案还有哪些方面需要完善和继续研究？"……

有了特定的观课议课研究主题以后，议课首先要聚焦主题，围绕相关研究问题依次展开。比如，在上例的议课中，我们围绕"诗中蕴涵了哪些情感，体现在什么地方"、"老师在引导学生体会诗情时，采取了哪些有目的有意识的行为，你过去如何处理，今后如何处理"、"学生体会诗情的过程、状态和效果如何"的研究任务，依次听取授课教师的设想、参与教师的意见，通过对话，最后在教材和教学目标研究、实现特定目标有效手段的研究、学生学习状态和学习效果的研究方面进行了充分的讨论，有了新的发现。通过这一次观课议课活动，参与者探讨和学习了儿童诗歌如何教的问题。

必须强调的是：要证明问题解决方案有效需要进行多次实践观察，行动研究不能期望毕其功于一役，也不可能毕其功于一役。所以观课议课不是写句号，而是问号、逗号、省略号。

三、研究的实践和延续

对在课堂教学实践中得到验证的有效的变革策略和方法，教研团队的成员要自觉地在各自的课堂教学中作出进一步的实践验证。对于经多次实践证明行之有效的策略和方法，要归纳总结定型使之成为教学常规，成为变革教学实践的因素，以收取通过行动研究改进教学实践之实效。同时，还应该对研究过程和成果进行总结提炼，"达则兼济天下"，要通过有效的扩散和辐射对更大范围的教育实践形成影响。

"没有最好，只有更好"，课堂教学的研究和改进永无止境，面向教育实践的行动研究总会遇到和面临新的实践问题。延续展开的行动研究，意味着发现实践问题—寻找解决策略—验证解决方案—运用和反思—发现新的问题的螺旋循环和不断提升，这是推进研究和行动良性互动，培养研究型教师的必由之路。

怎样理解和追求观课议课的实效

【问题】

"如何使观课议课不流于表面化、形式化？"

【回应】

不流于表面化、形式化，也就是要让观课议课有实效。提高实效性有很多具体问题需要研究和讨论，一篇文章无法面面俱到。务实之前必先务虚。我以为，在讨论追求实效的方式之前，先要想清楚观课议课的实效指的是什么，应该由什么人来研究和提高观课议课的实效。有了两个基础，才方便讨论哪些方法和措施更有实效，而这两个问题并不针对观课议课的具体方法，是"虚"的，所以就来一个"观课议课的实效虚谈"。

（1）提高实效性首先是参与者自己要有参与、研究的热情和积极性。曾经听到这样几个推断：花别人的钱干别人的事，既不节约也无质量；花别人的钱干自己的事，办的事情有质量但可能不节约；花自己的钱干别人的事，是节约但质量可能存在问题；花自己的钱办自己的事，可能是既节约又有质量。我们可以用这样的推断框架分析现有的一些教研活动何以低效或无效，也可以用来讨论如何让观课议课收到实效。

现有的一些教研活动之所以流于表面化、形式化，我以为主要的原因就是参与者是以"花别人的时间干别人的事"的心态在参与。对自己的时间不够珍视，也不管自己的时间用得合理不合理，过得有价值无价值。另外，在很多老师心中，参与教研活动还是接受上级行政部门和学校的要求，是为了完成听课任务，是为了获得校本研修的继续教育学时，是讨论他人的课在帮助他人，也就是"谋的是他人的事"，因为谋的是他人的事，自然也就人到心不到。这就使教研活动既浪费了时间，也没有形成对自身发展和进步的真正帮助。

让观课议课有质量、有效益必须从转变参与者的观念和态度入手，我们不是在花别人的时间，也不是在办他人的事，而是在花自己的时间办自己的事，在用自己的时间谋求自己的专业成长和教学变革。参与观课议课花的时间是自己的，这不需要作更多的说明。观课议课是自己的事，不是教研部门的事，不是学校的事，也不只是听课教师的事，这怎么理解呢？

大家可以试着思考这样一些生活逻辑：一方面工作是为了生活，另一方面工作是生活的组成部分，工作本身就是一种生活；提升生活质量内含着提升工作质量的要求；生活的目的和意义在于追求和实现幸福；幸福包括幸福的状态和幸福的感受，幸福的感受具有主观性，但是否属于幸福的状态，这具有一定的客观性，比如，讲课学生不听，工作方式和工作质量得不到学生、同事、家长和领导的认可与尊重，处于这种生存状态下的老师，其教育生活无幸福可言，这应该是客观的；人的生存状态受外界、自身两种因素影响，在自身因素中，能力水平是重要因素之一，"幸福是一种能力"（赵汀阳）；人的幸福能力需要通过学习和实践获得；我们可以而且能够通过观课议课等教研活动提升自己幸福生活的能力，应用幸福生活的能力创造与实现自己幸福的教师生活。

现在你说，在观课议课中你是不是在谋自己的事？你是不是应该少想一些怎样帮助别人，多想一想自己如何成长和进步，多研究一下如何让自己的时间用得更合理、更有价值？这就是观课议课的"改善生活的实践观""成长创造的幸福观"。

过去常说："只要思想不滑坡，方法总比困难多。"确立了"花自己的时间做自己的事"的观念，有了热情和积极性以后，对观课议课抱以实践、研究、创造的态度，我们就有理由相信和期望："只要自己肯努力，观课议课有效益。"

（2）要多角度看待观课议课的质量和效益。2010年，一位听过我讲观课议课的校长说："我在这所学校从教师到教研组长，从教导主任到分管教学的副校长，又在校长岗位干了十年，学校每位教师的课我至少听过三次，我说他们的优缺点、指导他们改进教学就像点穴位一样，可以说一点一个准。但从此以后，我不会再这样做了。我会准备三个问题问教师：'×老师，你今天的课是这样上的，你为什么这样上？''除了这样上，你还考虑过哪些上法？''以后你再上这一课，你会在哪些方面作出调整？'我会引导老师们对这个问题进行思考，培养他们思考和研究教学问题的习惯。"现在，这位校长认为：围绕有价值的教学问题进行思考，培养参与思考的习惯比单纯提供某一教学内容的处理方法更有质量和效益；对于作为专业人员，有专业判断与选择能力，应该承担专业思考与研究责任的教师而言，"授人渔"比"授人鱼"更值得追求。

  该怎样理解观课议课的质量和效益呢？教研的效益最终要落实在让学生更好地成长方面。但课堂上的学生是通过教师的组织和影响而变化的，教师的热情、能力和策略是学生变化的主导因素，教师变了学生就可能改变。所以，这里我们主要从教师的收获和变化讨论观课议课的效益。

  实践证明，参与者可以从观课议课中收获处理某一教学内容、解决某个问题的具体方法，这是老师们最为关心和需要的一种变化，但观课议课带给教师的不仅仅是方法的改变，除了方法，还可能有这样一些收获：一是由此获得相关的知识，转变相应的观念。对于知识和观念的意义，美国心理学家勒温曾经有这样的表述："没有比最高明的理论更适合运用。"因此，我们不能轻视观课议课中的理论探究和观念重构。二是改变我们的思维习惯和思维方式，比如上例中的校长评课由提供想法变成促进教师思考的转变，将带来老师承担思考责任、依据理性教学、实施反思教学的思维习惯和思维方式的变化。三是改变自己的工作方式和思维方式，比如，更有工作的积极性与教育的自觉性和研究性。

  子曰："知者不惑，仁者不忧，勇者不惧。"有了"花自己的时间干自己的事"的节约成本、追求质量的意识，有了这种生活方式、思维方式和教育观念的积极变化，对于避免观课议课的表面化、形式化，我们还有什么值得担心，还有什么值得忧虑的呢？

  （3）要学习、研究和运用有效的观课议课理论、方法与技术。比如要使观课议课具有研究性，进行从现场到问题的案例研究，实施从问题到现场的行动研究。大家来发现，大家来想办法，就一定可以不断提高观课议课的实效。

【问题】

"我发现自己每次观课都能从中学到不少，可是发现一些好的想法和做法最终只是听过、赞叹过，却未落实过。如何将观课议课中碰撞出的火花真正落实到我们自己的教学中去？"

【回应】

怎样解决好观课议课从心动到行动的问题呢？我认为，可以从这样几个方面有所改变。

首先，要定位于实践，立足于实践。在马克思的墓碑上有这样一句话："历史上的哲学家总是千方百计以各种各样的方式解释世界，然而更重要的在于改造世界。"教师参与观课议课的目的是什么？主要不是为了解释教学，而是为了变革教学。《道德经》上讲："上士闻道，勤而行之；中士闻道，若存若无；下士闻道，大笑之。"成为高明的学习者，对于有意义、有价值的教育观念和方法，我们需要"勤而行之"。事实上，只有把学到的东西用于实践，变革了实践，学习才可能有真正的意义，学习也才有真正的快乐。

其次，要从实践中发现和抽象实践原则。观察和借鉴他人的课堂教学很容易东施效颦。要避免出现这种结果，"东施"不能仅仅停留在对西施行为的赞美和模仿上，而是应该研究"人们喜欢的西施的美到底是什么""我能学习和借鉴的到底是什么"。观察和借鉴他人的教学，不仅要关注产生了好效果的教学行为，更要研究这些行为，理解行为背后的追求与价值观念，找出可以借鉴的实践和操作原则。

比如，我曾经观察过这样一节课：

教师走进教室，准备上"热胀冷缩"。他举起一瓶同学们很熟悉的橘汁水，大声问："同学们，你们看，这是什么？"

同学们："橘汁水。"

对这个行为解读，我们可能发现，这引起了学生的注意。这让我们意识到，在开课之初，如果学生的注意力都还没有集中到教师身上，还没有集中到教学活动上，教师就先要吸引学生的注意，然后再开始上课。

教师："看到这瓶橘汁水，你们想要研究什么呀？"

琢磨这个行为，我们可以设想：这大致是教师为了引起学生的探究兴趣，让同学们参与思考，使教学活动成为学生的思考活动和智力活动。

同学们纷纷说："我想研究为什么橘汁水是甜的。""我想研究橘汁水为什么用玻璃瓶装。""我想研究橘汁水为什么是黄颜色的。"……

看学生一直没有说到点子上，老师左手拿着瓶子，右手大拇指和食指张开平行，在橘汁水瓶上段没有装满的位置一比画。

同学们："老师，我们想研究橘汁水为什么不装满。"

研究这一环节，我们发现，这是教师在对主要的教学任务和教学重点进行"组织指引"。由此让我们反省，课堂上要放，但也要注意收。学生提出的问题，有的现在还不能研究，有的能够研究但从保证恰当的教学目标看，我们也不能放在这一节课研究，教学需要对教学的进程和内容进行适度的控制和明确。在这里，老师用比画的方式完成了主要教学内容和方向的"组织指引"。

教师："好啊，我们这一节课就来研究橘汁水为什么没有装满。现在请大家想一想，除了橘汁水，我们还看见哪些东西没有装满？"

同学们："酒没有装满。""还有醋。""还有煤油。"……

教师：同学们观察得很仔细。这些物体都有什么共同特征？

同学们：它们都是液体。

教师：好，这一节课我们就来研究液体为什么不装满。

在学生已经说到"我们想研究橘汁水为什么不装满"以后，老师为什么还要问"还看见哪些东西没有装满"，并且让学生花费了宝贵的教学时间？

实践应答篇

认真思考，我们可能意识到，这叫"建立联系"，它使学生意识到，即将学习的知识不是个别的现象，具有普遍意义，适合于液体。这为学生的迁移运用作好了准备。

如何借鉴这一教学？如果你也拿橘汁水到教室里去，这样的借鉴价值就不大，因为你有可能不是科学课老师，如果是科学课老师又不可能天天都上"热胀冷缩"，这样的思路就可能导致"听过、赞叹过，却未落实过"的结果。想一想，不是科学教师，不教"热胀冷缩"能否借鉴呢？我以为是可能的。只是这里借鉴的不是具体的行为，而是从行为中抽象出的实践原则和要求。比如：开课之初首先要引起学生注意；课堂上要把学生的注意力引导到智力活动中；要把握好"放"与"收"的关系，让学生的智力活动围绕核心教学内容和主要教学目标进行；要注意揭示知识、技能的适用范围，引导学生迁移和运用。由此获得的四条教学实践策略，不同学科的教师，不同时段的教学都有可能用得上，都可以借鉴。

第三，对基本要求进行实践还原和创造。一方面缺乏抽象的具体的教学方法和手段很难迁移，另一方面抽象过后的教学策略和教学要求无法直接用于实践。因此，在观课议课的时候，我们需要摆脱对一招一式的迷恋，要发现招式背后的实践策略和要求，并完成相关策略和要求的提炼；而在运用和自我实践的时候，又要根据自己的实际情况，把相关策略和要求转换成招式。只有完成了这样的实践转换和还原后，模仿和借鉴他人的成功经验才可能在自己的实践中落地生根，才能真正对实践产生意义。比如，对"上课之初首先要吸引学生的注意"的实践，老是拿一瓶橘汁水去不行，但仅仅停留在观念上也不行。把对教学的认识和理解落到实处，我们就需要根据教学的内容、学生的实际、现实的可能，自己去选择、去创造不同的招式。

第四，用观课议课推动实践中的借鉴和创造。如何更好地在实践中借鉴和创造？借鉴和创造的效果怎么样？这又可以用观课议课来检验，在观课议课中发展。在一次地理骨干教师研修活动中，就观课议课的研究内容，授课教师说："最近，我在对思维导图进行研究，我非常希望把思维导图引进课堂，这一节课我将在这个方面作出尝试，我希望大家能一起来观察、研究思维导图如何与课堂教学有机结合。"这就是看到一个有意义的东西，接触到一种有价值的方法,"勤而行之"。为了更有效地实践和变革,授课教师可以主动拿借鉴和创造的课出来做观课议课,这种带着变革方案进行的有主题的观课议课,我们把它称为"从问题到现场的行动研究"。这样的行动研究可以请同伴来观课议课,也可以通过录音、录像的方式自我观察与研究,进行实践反思。

观课议课的后续行动是什么

【问题】

"在观课议课结束后,上课教师应该做些什么?后续应该有哪些行动?"

【回应】

首先,要梳理观课议课活动中获得的经验。杜威在《民主主义与教育》中说:"一个孩子仅仅把手指伸进火焰,这还不是经验;当这个行动和他遭受到的疼痛联系起来的时候,这才是经验。从此以后,他知道手指伸进火焰意味着烫伤。"经验是什么?是从"手伸进火焰"和"手被火烫伤"的经历中获得关于行动和行动结果的关系认识——知道了"手指伸进火焰意味着烫伤"。梳理教学经验意味着梳理与认识教学行为和教学效果之间的关系。杜威又说:"常言道:'从经验中学习',就是在我们对事物有所作为和我们所享受的快乐或所受的痛苦这一结果之间,建立前前后后的连接。"我的理解,前前后后意味着经验连接着过去、现在和未来。"过去"是我上过一节研讨课,同伴们参与和讨论过这节课,这已经过去;"现在"意味着当下,是当下的我在对自己已有的教学经历、与同伴们观课议课的经历进行回望与理解,以从中获得教学的经验、观课议课的经验;"未来"则是运用当下获得的经验对未来教学实践以及观课议课实践的重新规划和改造,如果经验不用于未来,束之高阁,经验就失去了应有的意义和作用。就我们对经验的理解,至少一方面要通过思考发现关系,另一方面是要用发现的关系规划未来,这是经验的实质与方法。

有这样一个案例:

语文老师布置同桌同学读课文:"在同学读的时候,你要认真听,看看他有什么问题,然后帮他改正。"

同学间的互读互纠结束,老师叫一组同学起来汇报。女生说:"刚才他把'细细的杨柳'读成了'丝丝的杨柳'。"男生说:"是我自己发现和改正了的。"老师这样处理:"你们两位同学都很不错。×××能发现自己的问题,能主动改正自己的问题。×××也不错,能认真听同学读,并能提醒同桌同学纠正。"

尽管老师的处理也算可圈可点,但两位同学坐下后却开始了互相指责,女生对男生说:"你明明就读错了呀,还不承认。"男生不服气:"谁要你来说。"两个同学开始了互不搭理。

从经历中获得经验,我们可能意识到,这种同学之间相互检查、相互纠正,然后在全班分享彼此纠正的习以为常的教学方法存在问题,因为并不是所有的同学都愿意承认自己的学习出了问题,也不是所有的同学都愿意公开承认自己是在别人的帮助下学会的。这可能是我们从这次观察和思考中获得的经验。将这种经验用于未来,我们可以思考这样的改变:在小组合作学习时,先让彼此发现对方的优点、肯定对方的优点,然后再提出建议;在分享彼此的互相帮助时,不是让帮助者说"我帮助了他……",而是让被帮助者说"我在什么地方得到了什么帮助",这样,一方面把选择权利交给学生,另一方面可以让被帮助者复述相关问题,使帮助真正产生效果,并对帮助者表达感激;在分享时,对于不愿意表达自己学习中出过问题并得到帮助的同学,老师也不要勉强,而对于那些敢于承认自己的问题并乐于表达自己得到过帮助的同学,则应该给予充分的肯定和鼓励。通过这种树立榜样的方式引导同学们勇敢地承认自己的问题,并表达对帮助者的感谢。

其次,要反思和改造过去的经验。如果说经验的对象是行动和行动结果,经验的目的是认识它们之间的关系以获得初步的经验(经验的结果是增加我们的经验)的话,反思的对象则是经验,反思以过去的经验为对象,通过对经验的依据、经验的过程、经验的结论进行批判性审视来改造过去的经验,让经验不再肤浅、狭隘和片面(反思的结果是让原有经验更合理)。反思经验需要回答这一类的问题:"是不是我原来想错了?""我原来对学生、对教学的认识有什么不对?"……

回到上例,反思经验,过去我们可能以为:小孩子到教室里就是来学知识的,只要能帮助他们学到知识,他们就会乐于接受。对这样的经验进行改造,现在我们需要意识到:小孩子同我们大人一样,也有情感需要,他们在教室里并不仅仅是学知识的,他们也有获得他人认同、赢得他人尊重的情感需要;好的教学应该理解人的完整需要,应该基于人的完整需要,能够满足学生多种需要的教学才是合理有效的教学。

第三,要反思自己在观课议课中的言行。比如:在观课议课中有没有固执己见?有没有文过饰非?有没有缺乏对他人的尊重和理解?自己的参与是否主动积极?……

以自己的实践为例。我曾经在某小学上过一节语文课。这所学校的教研空气浓厚,加上又与大家比较熟悉,听完课后,大家就直面问题,对我的教学进行批评。这是我第一次面对如此集中而尖锐的批评,尽管他们也给我留了面子,但开始的时候我面子上还是很挂不住。后来,我在"这不是你自己期望的吗?你不是也经常用这种方式和一线的中小学老师交流吗"的自我提醒中平复下来。对自己的心情和表现进行反观,我意识到大家都不容易公开接受批评。因为我自己在接受批评时不像我想象的那样坦然,由此我不能奢望其他中小学教师都能坦然接受我的批评。"己所不欲,勿施于人",反观带来改变,从此我也把中小学教师看成有多种需要的人,在观课议课中既要满足他们的理智需求,也要满足他们的情感需求,尽量不让他们在面子上难堪。

第四,要重新规划和设计教学。理想的观课议课常常让参与者产生再教或自我尝试的愿望。在观课议课中获得了新的经验,改造了原有经验,怎么办?"上士闻道,勤而行之"。最好的方法就是赶紧就同一教学内容重写一次教学方案。新写的教学方案要在求变、求新、求创造上下功夫。完成这样的方案以后,能找一个平行班再实践和再反思最好;如果缺乏这样的条件,可以把方案放在那里,在下一次教同样的教学内容时一定要找出来参看和参考,这样,可以使未来的教学建立在过去经验的基础上,我们不能让未来的教学永远都在"重复过去的故事",不能让自己的教学永远"涛声依旧"。

第五,可以对观课议课中的问题和经验进行延伸实践和专题研究。这一次观课议课的经验是否还可以用于其他教学?能不能加以拓展运用?这是延伸实践的问题。

这一次获得的经验有没有普遍性?自己过去的教学实践中有没有类似或相反的经验?他人有没有类似或相反的经历或经验?教育书刊中的教育学、心理学相关理论是否能解释和支持自己获得的经验?有没有可能将自己的经验拓展为更有包容性、更有迁移性、更为自洽的经验系统?能不能运用这样的经验系统对教育实践重新认识和改造?……深入地研究和实践这样的问题,就可能引导我们走上成为教育专家的道路。

名优教师的课如何观察和讨论

【问题】

"对名优教师的课如何观察和讨论?另外,在观察一堂公开课的时候,我们经常会拿这堂课与名师上过的公开课比较,所以经常会觉得这堂课没有名师上得那么生动、那么扎实。如何抛开这些先入为主的观念去讨论和评价一堂课呢?"

【回应】

不论是谁的课,在议课的时候,我们都主张,应该实事求是地先说一说自己学到的东西,从中获得的启示,以及可能引起自己哪些方面的改变。在这个过程中,我们建议言语的对象是"我"自己,而不是上课的教师"你如何如何"。

在和上课教师对话的时候,针对效果理想的行为,可以用"你有过什么样的思考""作过哪些准备",从中了解效果理想的原因,找到达成某种效果的条件,为自己追求某种效果发现可能、奠定基础。对于自己不明白和存在疑惑的问题,也不是用"我认为……"的句式去评点,而是用"我注意到课堂上有这样的现象……",然后再用"我想请问你是怎样思考……"等问句方式去询问。采取这种先说现象,然后请教的方式对话,这是议课与评课、辩课的主要区别,评课多用句号表达自己的意见,辩课是想证明一些东西更有价值,议课不评价也不争议,而是围绕现象引起对话和讨论,理解教学的实践,发现教学的可能。我们主张对所有老师的课都要先定位理解,先定位学习。

名师之所以成为名师，大多是因为他们对教学有更多的研究和实践，拿出来的课又大多经过深思熟虑、精雕细刻，蕴涵着更为丰富的教育意义。对于他们的教学方法，我们需要持有更多的学习态度。我想，这也是我们看待名师的课时，可能应该有所不同的地方。

但尊重名师需要站着尊重，而不是跪着尊重。名师的教学处理只是提供了实现教学的一种可能性，必须承认任何一个教学材料都可以有不同的教学选择，何况学生不一样，上课教师也不一样。因此，我们可以有所借鉴，但一定不能以此为标准。帕克·帕尔默在《教学勇气——漫步教师心灵》中说："当我们把某种认定的方法技术捧上天的时候，就使得采用不同教法的老师感到被贬低，被迫屈从于不属于他们自己的标准。"我们不能屈从于名师的标准，完全以名师为参照，我们不能自我贬低，要有"我可以上得更好"的积极暗示，然后为此努力和进步。

在网易公开课中，我看到了美国普林斯顿大学科内尔·韦斯特教授这样说（在录像翻译基础上整理）："事实上，我必须前进，在前进中我不仅必须重新审视我在哪里，在干什么，还要审视我是谁。蒙田说进行哲学讨论就是学习如何去死。你内心的某些东西必须死去，另外一些东西才能重生，如果一些狭隘的想法使你蒙蔽，这些东西就该死亡，从而让一些更开阔、更深刻、更具世界性的东西重生。……这就是教育的真正含义。我总是告诉新生，当你们在阅读卡夫卡、契诃夫的政治剧作遇到困难时，你们要思考如何死，你们到我的课上要学习如何死。他们说'你在说什么呢'？正是这样，你必须先知道如何死，再开始学习，并思考谁会教会我们生活。"可以说，真正的名师，他本人也在不断"死去"，也在不断更新。说不定你刚学会别人的东西，他自己已经让这种教学方法"死去"了。我们要学习要借鉴，但又一定要做自己！

另外，在观课议课中，可以采取现象学的"悬搁"方法。马克斯·范梅南认为："教育现象学就是想让我们摆脱理论和预设的概念，将我们的成见和已有看法、观点先搁置起来，让我们首先直接关注学生的生活世界和生活体验，并对它们作有益的反思，从而形成对教育的具体情况的敏感性和果断性。"运用现象学方法观课，要求我们"搁置"既有的教学理论和教学方法，把它们用括号括起来，以赤子之心投身课堂，去获得对课堂现象朴素而真实的感受，形成对课堂事实和现象的直观。也就是在走进教室之前，抛掉一切先见，走进教室后重新开始，重新观察和思考，这样才能帮助我们学到东西。

如何让教研献课走向常态

【问题】

"很多公开课,会有一种'演'的感觉,感觉学生都很配合,这样的情况该如何看待?""无论是教师还是学生,公开课和常态课的课堂表现都有所不同,这样的作秀有必要吗?如果是没必要的,这样的传统为何要延续?""观课议课的课堂模式是公开课好还是常态课好?"

【回应】

教师和学生在公开课上会有和常态课不同的表现,这是人之常情,就像有人要到你家里去你可能要收拾一下房间一样。因此,完全说是在作秀也不公平。对于这样的做法,我们不能说是传统,只能说是习惯。当然,这样的习惯是可以改变的,后面我们会讨论到这个问题。

但做过头了,特别让学生预先排练,让学生来演就过分了。陶行知先生说:"千教万教教人求真,千学万学学做真人。"让学生配合演可以说已经不是在教学,而是在教学生为了自己的利益作假了,对于这样的课你不必评价,大可"呵呵呵"了事,置之不理就是一种批评和抵触。只是在观察这样的课的时候,你必须多下一番功夫,也就是对课进行还原的功夫,要想一想平常的情况可能会有什么样的意外,会是一种什么样的面貌,还要想一想如果自己来设计和执教,可以作出怎样的选择,可能呈现怎样的效果。你可以不看他的,但不能不想自己的。我们不能心中装着对别人教学的不满和批评,而忘掉了自己要抓紧时间研究和发展,这是在用他人的问题惩罚自己。

这里,重点讨论一下公开课是常态好还是打磨后再上好的问题。

俗话说:"一把钥匙开一把锁。"可以说,没有哪一种工具和选择能解决所有的问题,不同的目的需要不同的工具和手段,面对不同的情形我们需要作出不同的选择。比如,如果要参与竞赛,要为学校和自己争取荣誉,课前对自己和自己所要执教的课精心打磨、多次锤炼,这不仅有利于在竞赛中取得好的结果,而且有利于更为深刻和全面地理解教学,提升自己的教育教学能力;如果不是为了比赛,而是用于教研,那真实的课堂更有意义和价值。再比如,对学生发展而言,集体备课以后的教学显得更为负责,也可能更为有利;对教师个体专业发展而言,按照平常的状态教学,其他参与老师就此进行观察、研究,对教师个体就更有帮助;就研究和论证解决教学问题的方案、变革措施的有效性而言,参与团队预先对所要解决的问题有所研究,并由此提出问题解决方案和教学变革措施,然后由一位老师在课堂上去实践这种变革方案,团队其他参与人员对此进行观察和研究,这对发现、论证和完善变革方案、推动教育变革更有价值。

基于"对教师个体专业发展而言,按照平常的状态教学,其他参与老师就此进行观察、研究,对教师个体更有帮助"的判断,我们主张在日常的观课议课中,教师最好呈现自己的常态课。但我们刚才说过,预先精心准备已经成为大多数教师的习惯。这怎么办?

我想,这可以从两个方面努力:

首先,授课教师应该以发展性的取向做课,而不是以展示性的取向献课。现在上公开课的老师的表现大多"大公无私":"我要上一节没有问题的课,要上一节优质课供你们观摩和学习",以示范课、展示课的方式做课,这是在为其他老师"作贡献"。现在需要一种转变:在观课议课中上公开课的老师,你能不能"自私"一点,能不能这样想——"我平常教学中有一些困难和问题,我自己没能很好地研究和解决,这些问题和困难让我的教学效果不好。今天我要上公开课,有一些老师要来观察和研究。正好,我要把自己的困难和问题告诉他们,并在课堂上表现这些困难和问题,请他们来帮我观察、研究和解决,这可以让我在今后的教学中不再困难"?这样想过以后,你就可以对观课的老师说:"我想请大家帮我研究和解决这样的问题……"然后就上会有问题的常态课。说自己的教学有问题,暴露出了自己的问题丢脸不丢脸？不丢脸，是好事！美国演说家丹尼斯·威特来说："只要你还嫩绿，你就会继续成长；一旦你已经成熟，你就开始腐烂。"问题是我们的朋友！

另一方面，观课和讨论课的老师也要改变自己的观课议课取向。课总是有选择的，课总是不完美的。作为参与者，我们需要充分了解和理解尊重上课教师的选择，理解不完美的课、接纳不完美的课。对于不完美的课和出现问题的教学，我们可以说"如果我来处理，我可能这样教……"以此提供一种选择和改进的方法，让自己成为教学实践的建设者；而不能轻易地用"你教错了""你不能这样教"进行批评，让自己成为简单的实践批评者。事实上，当我们以完美的标准对他人的课指手画脚、求全责备的时候，为了取悦观课者，为了避免批评，上课的教师就一定会对自己所上的课反复打磨，公开课就会作秀、作假。从这一点来说，观课和讨论课的我们在干什么？一边在"逼良为娼"，一边又在要求别人不要演练，为了自己的发展，为了教学研究应该上常态课。这样的事情干不得了！

【问题】

"有的课据说都是打磨过很多次的，课堂很活跃，气氛很棒。但是，我们平时的家常课不太会这样'隆重'，这么'隆重'的方式是否太过于形式化？我们是否应该更多地关注稍微'安静'点的课堂？"

【回应】

单一性是生命活动的杀手。从人生发展看，课堂上的学生如果不能接触、感受和学习多样的学习方式，这将不利于他们在未来选择和使用不同的学习生活方式适应复杂的社会生活。从教学的实际效果看，单一的无变化的教学很容易使学生失去兴趣。《周易·系辞下》上说："穷则变，变则通，通则久。"教学需要有变化。从学习材料和教学内容的特点看，有的教学材料和教学内容需要学生独立学习，有的需要合作学习，有的宜扬声诵读，有的应默想沉思……从这种意义上讲，教师需要在长期和多次的教学中对不同的教学样式都有所突出和展现，让学生都能有所实践和体验。

就当前公开课的现象看，我同意你的判断，大多过于隆重和形式化，过于喧嚣和嘈杂，也过于急切和匆忙。我在作教师培训的时候这样说："反省自己的课堂,观察中小学教师的很多课堂,大多匆匆忙忙,'狗急跳墙'。"在这种单一的教学样式主导下,我们需要另外一种声音——"教育是生长,生长是慢的艺术"来提醒,需要春风化雨、小桥流水、润物细无声的教学方式来平衡。

当然,对于这样的公开课,也不必大惊小怪。这毕竟只是一节课,一节课不可能把所有的样式都展示一番,毕竟时间有限,毕竟要有所选择突出重点。另外,上课教师还要考虑安顿观课教师,比如上课教师让学生静静地思考20分钟,作为观课教师你会干什么?你可能就会看微信,就会和周围的同事闲聊,这样教室里就会出现杂音,上课老师怎么办?所以,一定要弄出声音来,要么自己讲,要么让学生活动。再有,这些老师的公开课这样上,平常课他们大多不是这样上的。所以,我们不必太担心。

如何理解和看待他人的批评

【问题】

"作为新教师,上课以后,免不了受到他人的批评。我们如何正确地对待其他老师的批评?"

【回应】

不是新教师,所有教师都需要面对他人的批评。我想,有这样几个方面需要注意。

首先,要善意地理解他人对你的教学的批评行为。漠视一个人的方式是对他所做的所有事情都当没有看见,现在,他要讨论你的课,要批评你的课,说明他重视你,关心你,对你还心存某些希望。因此,对所有老师的批评都应该真诚地感谢,你的诚恳能赢得他们的真诚。

其次,要认清、接纳自己和批评者的差距。能批评你的老师大多是有经验、对相关问题有一定思考和研究的教师,对刚参加工作的新教师而言,彼此之间有差距是时间和经验造成的。对于他人的批评,你可以认真听取,但千万不可自暴自弃。你要知道,说不定当初他们也和你一样,甚至还不如你。只要你还想当教师,你一定要这样想:"在你们的帮助和指导下,我一定能成为一位优秀教师。"这就是要在观课议课中形成积极的"自我认同"。

第三,要理解多样的教学批评。横看成岭侧成峰,帕克·帕尔默在《教学勇气——漫步教师心灵》说:"与真命题相反的是假命题,但是与一个深刻真理相对立的,可能是另一个深刻的命题。"参与讨论的都是持有教师资格证的专业人员,他们在评课中表达的教学见解,只有视角不同带来的不同发现，以及不同价值取向所带来的不同侧重和取舍，没有完全错误的观点和做法。他们的意见会打开你认识和理解教学的不同窗口，让你看到不同的教学风景。这是正确看待他人意见的态度。

第四，要主动争取他人对你未来教学实践的指导。在相关老师观课议课时，可以提出类似的请求："×老师，如果我下次要教，您能不能给我提出一些建议？"如果在以后的实践中采用过他们的建议，可以请相关老师再来观察和指导。

【问题】

"在听取他人议课意见时，该如何取其精华，去其糟粕？是否需要用同课异构的方式来展现那些看似新颖、有效的意见呢？"

【回应】

对他人的评课意见，怎么能说糟粕呢？对于为什么不能说糟粕，可以参见我回答上一个问题时的一些观点。一定要注意：你可以不接受、不采纳他人的意见和建议，但不能说专业人员在专业研讨场合下表达的意见是糟粕。

议课的时候可能意见纷纭，但付诸实践的教学却不能面面俱到。这时就需要选择。就我本人来说，选择性实践首先要考虑价值观念，我会研究哪一种价值观念的教学最值得追求，然后研究实践价值观念的条件、流程和方法，最后去实践和变革教学方法，实现教学价值追求。

学校如何推动观课议课

【问题】

"观课议课可以说是一种方法,但更是一种思想,一种文化。作为一种深层的学校文化改造,在设计时最好有顶层设计和系统思考,比如:如何激发教师改进教学的愿望,如何培养彼此合作的同伴关系,如何增加教师直面问题的勇气……就已有的实践学校看,凡缺乏深入而系统思考的,效果往往不太理想。也因为需要系统思考、整体设计,所以也需要校长认同和支持,仅仅从教研组层面行动,不能说没有效果,但效果总会打折扣。从学校层面推动,您认为可以采取的步骤有哪些?"

【回应】

就具体步骤看,我们有如下建议:

一、分析教研现状

就教师而言,工作着也就生活着,工作的过程就是生活的过程;就学生而言,学习着也就生活着,学习的过程是生命生长的过程。人生是短暂而宝贵的,基于"生活不能虚掷,生命不能浪费"的追求,我们需要高质量的工作提升课堂上师生的生命质量。这是我们引导教师改进教学的内在动力,也是教师自己参与教研和教师专业发展应该有的一种内在自觉。

有了这样的基础,木着对自我生命和学生生命负责的态度,我们需要认真审视当下课堂教学研究活动的质量和效益。观课议课是针对教研效益不高，是基于教师成长内在需要而产生的。如果大家觉得现在的方式有问题，对此感到不满意，需要新的方式和方法，这时引进观课议课才能水到渠成。如果大家对现有方式很满意，那就不必硬拿一个"观课议课"来影响大家都比较满意的生活，就不要"瞎折腾"，引起教师的反感和抵触。

二、变动观课位置

走进学校，你会发现，老师们现在的听课位置多在学生身后。这样教师无法真正观察和了解学生的学习情况，无法真正实现以学论教。转变的第一步，是把观课的位置向前移，到学生身边去，观察他们的学习状态、学习活动和学习效果。

观课位置从学生身后移到学生身边，学生被老师注视，这容易让学生感到不舒适，这时就有一个新的问题需要解决，那就是要尽可能和学生建立一种彼此接纳、彼此信任的关系。要建立这种关系，就需要观课教师提前进教室，尽可能在上课前和学生有一个沟通和交流，使学生的情绪和精力尽可能少受干扰。同时还要培养老师在课堂上学会关心学生，学会帮助学生，学会给上课教师当助教。

三、提供教学案例

走近学生观察和了解他们的学习状态、学习活动和学习效果以后，教师将更容易发现教学中的更多事件和现象，将这些现象和事件清晰地构造成有结构、有困惑的故事是参与教师必须修炼的基本功。修炼发现有讨论价值的蕴含教育启示、困惑、问题的故事是我们大家都需要修炼的"慧眼"。

初期，建议观课者不加评论地向同伴讲述自己所发现的故事，实践中我们发现，基于学生学习的故事讲述有利于提高教师发现课堂的能力，并促进观课者对课堂教学进行富有变革意义的真正理解。有了会讲故事的基础以后，观课者可以尝试把故事转化为蕴含困惑和问题的教学案例，使故事具有研究价值，以引发其他参与者解读故事、对话讨论的兴趣。

四、进行从现场到问题的案例研究

议课主要是对课堂上事件、现象的讨论。议课首先需要参与者回顾和熟悉将要讨论的事件和现象，这时需要提供故事和现象。有了故事和现象以后，其他参与者不要急于发表意见，而应先倾听授课教师的思考和看法，也就是先要认识授课教师，理解授课教师。然后，大家再围绕故事中的问题和困惑进行进一步的交流和对话。

五、以行动研究的方式进行有主题的观课议课

刚开始参与观课议课的老师，并不能很好地选择和确定观课议课的主题，而且在观课时也不能很好地处理预设议课主题和生成议课主题的关系，所以在开始做观课议课的时候，不一定用明确的议课主题来增加观课议课的难度。在学会发现课堂、构造教学案例和学会对话以后，就可以进行有主题的观课议课了。主题可以是教学实践中的困难和问题，也可以是尝试探索和创新。

观课议课主题下的观议方向分解是一个将课堂教学研究问题具体化、深刻化、结构化的过程，掌握了观察方向分解的方法，也就学会了系统地研究课堂教学相关问题的方法。因此，需要培养参与者分解观课议课主题的能力。

六、综合运用观课议课的文化推动学校课程改革

开始做有主题的观课议课时，主题可以小一些，有针对性一点，争取一次活动能认识和解决一个或几个实践中的问题。但教学中的很多问题是相互关联的，而且很难通过一次活动彻底解决问题。可以用一个月、一期甚至一年时间，围绕一个课题，设计一系列有关联的主题进行观课议课，这时，观课议课就需要与教育科研、行动研究、叙事研究和教师读书等活动和方式结

合起来。

另外，从一些实验学校的经验看，他们有"小议课""大议课"。"小议课"就是知心朋友彼此之间推心置腹的观课议课，可以说是学校非正式组织成员间的观课议课。而"大议课"则是正式组织（如教研组）组织的观课议课。我们认为，"小议课"是值得提倡和重视的一种观课议课，自觉的"小议课"是教师自我成长意识发展到一定阶段的产物，体现了教师专业发展"我的事情我做主"的诉求。因为彼此信任，因为彼此依赖，因为能够推心置腹，"小议课"往往更有利于营造"互相培养的""合作性同事关系"，更有利于提高观课议课的效益和质量。

为了大多数教师的课程实践
——陈大伟观课议课对话录

实践案例篇

《最后一头战象》课堂实录
　与讨论
探寻一个敞亮的教学视界
教研,有一种力量叫唤醒
……

《最后一头战象》课堂实录与讨论①

授课学校：济南经五路小学
授课教师：陈大伟
授课和议课时间：2010年12月1日下午

一、课堂实录

师：大家不一定要坐得这么端正，上课的时候大家可以放松一些，可以自由一些，我们在课堂上要保持一种很愉快的心情。

现在我们上课，预习过课文没有？

生：预习过。

师：预习到了一些什么？来，你说说。

生1：预习了生词，自己还提了几个问题，还有，画出了自己感触很深的部分。

师：太厉害了。你预习了生词，那你给大家介绍一下，同学们把课本翻开，你给大家说说看，你预习了哪些生词。

生1：我预习了"威风凛凛"。

师：第一，大家看到"威风凛凛"，什么意思？

---

① 选自《追寻理想的语文教学——我这样观课、议课和上课》，教育科学出版社2013年版，第199—220页。

生 1：威严和严肃的样子。

师：不错啊，有没有同学不懂这个意思的？都懂了吧？那你接着说。

生 1：我还预习了"亢奋"，就是极度兴奋。

师：极度兴奋。还有呢？

生 1：我还看了"摩挲"，"摩挲"实际上就是用手抚摸。

师：好的，我要找第二位同学了。来，你说说看预习了哪些生词。

生 2：我预习了"冢"。

师：这个字是什么意思？

生 2：大片的墓群。

师：大片的墓群。课文的"象冢"是什么意思？

生 2：象冢就是埋葬了很多大象的地方。

师：很不错，再说一个。

生 2：我还查了"炯炯有神"，意思就是说眼睛显得很有精神的样子。

师：眼睛显得很有精神。真不错。真是值得学习啊！老师小时候也是这样，拿到语文书先要翻一翻。但老师小时候没有你们做得这样好，把课文中的字词都好好地预习预习。好，有些同学预习了生词，还有预习了什么？除了生词，还做了些什么工作？来，你给大家讲一讲，还做了些什么？

生 3：我知道了"战象"和"象兵"。

师：他注意到了战象和象兵。战象和象兵有什么不同？你来说。

生 4：象兵就是坐在大象背上的士兵。

师：战象呢？

生 4：战象就是只有一头大象，它自己去攻击。

师：只有一头大象？

生 4：不是，很多很多。

师：对，有可能是一头，也有可能是很多。战象主要的作用是什么啊？我们书上怎么说的？请你说说看。

生 5：士兵骑象杀敌。

师：对，士兵骑象杀敌，这个"兵"是什么？

生：象兵。

师：好，战象驮着士兵，作为交通工具在发挥作用。你再说。

生5：战象用长鼻劈敌，用象蹄踩敌，一大群战象，排山倒海般地扑向敌人，势不可当。

师：这是战象在直接参与攻击。我们知道大象是在陆地上很大的动物，大家闭上眼睛想象很多很多大象参与战斗的气势，请这位同学再读一下。

（生5读）

师：你能不能把势不可当的味道再琢磨一下？能吗？好，再来。其他同学可以继续闭眼想象。

（生5再读）

师：好，请坐下。大家自己读一遍，把这个势不可当的味道读出来。

（生读）

师：好，读得不错。还有同学预习了什么呢？还知道了些什么啊？

你看，预习得好的同学，现在就很得意，我预习过，我知道。他们在用热切的眼光看着我，希望来回答问题。有些同学可能课前没有预习，这个时候就有点后悔了。

来，我请你跟大家说说，不要说词了，现在说说看，你还知道了些什么？来，面向大家说。

生6：我还知道和日寇战斗的时候，只有一头战象活着，其余的战象都死了。人们发现这头战象，然后把它带回家，给它治伤养伤。

师：他已经学会干什么了？用自己的话——

生：概括。

师：对，他在概括故事，述说故事。我们现在能不能用自己的话，概述一下这个故事？

大家抓紧时间快速地读一读课文，然后用简要的话说一说，这是一个什么故事。读的时候可以用笔勾一下关键的地方。

（生读课文）

师：来，我请你说一说。注意向同学们说。

生7：在1943年的时候，象兵……

师：1943年，这是说了什么？

生7：时间。

师：时间。好，接着说。

生7：象兵在西双版纳打洛江畔和日寇打了一仗，仅存的一头战象嘎羧被人发现，然后被运回寨子养伤。二十多年过去了，战象独自走上了曾经战斗过的战场，和曾经战斗过的同伴躺在一起，从中可以看出战象的忠诚和善良。

师：说得太好了。注意，他是按什么顺序说的？

生：时间。

师：故事按照时间顺序写，他按时间顺序说，这很好。但有个地方还可以补充一点。

生7：嗯。

师：你自己想到了，你再说说。

生7：应该再说先披上象鞍。

师：先披上象鞍，然后再回到曾经战斗过的战场。然后呢，和同伴躺在一起。故事就是这样的，知道了吗？

生：知道。

师：真好。第一，是按时间说的。第二，说了几件事情？

生7：第一是它被救。第二是二十六年过去，战象衰老了。

师：有一句他说得非常好，二十六年过去了，这当中把很多无关紧要的细节就略过去了。这是略写。

生7：然后，披上了象鞍。

师：接着说。

生7：走向了曾经和自己伙伴战斗过的战场，最后和同伴躺在一起。

师：好，同学们，你们知道我为什么选他来回答这个问题吗？因为我发现他一边看书，一边嘴里在念着，这是他在练习概述。更有意思的是，概述完了以后还不忘再去翻一翻，看一看自己概述得是否准确。真棒，请坐下。

其他同学也可以这样哦，现在请你们用自己的话，说一说这个故事是什么。说的时候注意按时间顺序说，并想一想一共有几件事情。

（生练说）

师：大家概述了故事，知道故事写了什么。刚才回答问题的同学还说

"从中可以看出战象的忠诚和善良"。你能看出什么呢？你体会到了什么？

大家想一想，在课上都要动脑子哦。老师很多时候是会请没有举手的同学来回答问题的。谁来说一说？

（等待）

从大家的表情看，有些同学还不太明白，一时不明白没关系，再读一读书。这个时候可以细细地读，想一想，你觉得嘎羧是一头什么样的大象，然后说说你的理由。

（生默读）

师：同桌先说一说吧，相互说。两个人都要相互说给对方听。

（同桌相互说）

师：我们找这一组的同学起来，这样，（对A同学）你来说你的同桌说的是什么。注意，我不是要你说自己的观点。

生A：他说嘎羧是一头非常忠诚善良的大象。

师：（对B同学）你是这样说的吗？

生B：是的。

师：那他有什么不同的见解？

生B：他说这是一头对友情非常忠诚的大象。

师：好，你问他原因了没有？为什么说大象忠诚？从什么地方看出它忠诚来了？

生B：我问了。

师：他怎么说？

生B：他就说嘎羧又披上了战袍，走向了它自己当年的战场。

师：真好！同组学习，第一，你一定要学会倾听，要听别人说；第二，听别人说的时候，还要学会问，让他说出自己的理由来。这组同学做得很不错哦，第一，听得非常认真，第二，在听的过程当中，还学会了询问别人。

现在，我再找一些同学起来说说你们的看法，然后说说你们的理由。请你说说。

生8：我觉得这头大象非常重情义，也是非常忠诚的。

师：重情义，非常忠诚。好。

生8：我是从课文中的一句话里明白的。

师：哪一句？

生8：是第23自然段。

师：有些同学真不错，尽管是这个同学在回答问题，但是他们一听到23自然段，就马上去看23自然段了。

生8：它死了。它没有到遥远的神秘的祖宗留下的象冢去，它在百象冢边挖了个坑，和曾经并肩战斗过的同伴们葬在了一起。这让我感受到，它在死之后，完全可以留在它祖先留下的象冢中，但它没有，它与曾经并肩作战过的同伴们躺在了一起。说明它非常重视情义。

师：什么情义？

生8：友情。

师：友情，还有呢？并肩作战的情义是什么？

生8：战友的情义。

师：对，这里还有共同战斗的战友情义。非常好，请坐下，谢谢你。

还有谁？来，请你说说看。

生9：我也觉得嘎羧非常重情重义，它没有到祖先留下的象冢去，而是和曾经战斗过的战友躺在了一起，而且我还觉得……

师：还觉得，注意，下面是他要表达自己的新想法了。这样说真不错，说明你是认真听了前一个同学的意见，而且还有自己的新想法。来，你接着说。

生9：我还觉得这个嘎羧无论是对人类也好，还是对大象也好，都非常好。

师：刚才我们说嘎羧对死去的战象有战友之情。你说它对人类好，你在什么地方看出来的呢？

生9：因为那个……人类对他好。

师：我现在的问题是：你说它对人类很好，对人类也重情重义，是在什么地方看出来的？

（生紧张地翻书找）

师：你看，这个地方，如果学习过程当中有个好习惯的话，就很好了，把它勾画一下，这个时候就用不着来翻找了，是不是？

生9：嗯。

师：其实你是明白的，只是当时忘了勾画，是不是？所以今后注意，看到好东西，要注意勾一下，以方便自己尽快找到。好，谢谢你！

有谁愿意帮帮他呢？刚才他说什么了？

生：嘎羧对人类也非常好。

师：对人类也重情重义。好，谁来帮他补充一下，体现在什么地方？你来说。

生10：老人和孩子捧着香蕉、甘蔗和糯米粑粑，送到嘎羧的嘴里，它什么也没有吃，只喝了一点水，就这样围着寨子走了三圈。我从这里体会到，嘎羧对人类也重情重义，因为如果它没有和人类结下深厚的友谊，它不会绕着这个寨子走三圈。

师：走三圈是什么意思？这个时候它心里是怎么想的？它要表达的东西是什么呢？

（这位同学犹豫，有的同学急不可待地举手）等一下，让他想一想，它走这三圈会想什么呢？

生10：它可能会想，觉得……

师：假如你就是这头战象，你会想什么？

生10：我会想他们二十六年来对我的照顾，还有就是对他们的不舍。

师：好，说到了不舍，这是依依不舍的三圈。请坐下。

谁能把自己想象成嘎羧，说一说走三圈的时候你会怎么想，会怎么说，究竟在干什么？好，你来。

生11：我会想，我马上就要死了，这是我最后一次来看一看这个寨子。

师：你这是在干什么？

生11：道别。

师：这是道别的三圈。好，还有呢？

生12：我心里想着，我要好好地看一看这寨子，还有曾经帮助我的人。

师：这是感恩的三圈。还有吗？来，请你说说。

生13：我觉得是报恩的三圈。因为在当年的战场上，我身负重伤，被这个寨子的人救了起来,他们照顾了我二十六年,所以我觉得围着这个寨子走了三圈,是对这些人的一种感激。

师:好,这三圈是依依不舍的三圈,是告别的三圈,是感恩的三圈。大家读一读这一句,读出这样的心情来。(生读)

嘎羧要走了,这里的"走"是什么意思?

生:是死去。

师:对,是永远地离开,面对这样一头要永远离开你的战象,你的心情是——

生14:沉重。

生15:忧伤。

师:同学们不妨用这种心情,读一读这一段。来,自己读一读这一段。

(生读)

师:好,我找一位同学来读读,读出自己的感情来。

(生16读,声音低沉。)

师:你们觉得她读得怎么样?

生:太小声了。

师:有些同学说她声音太轻了。老师觉得她读得太好了,这位同学沉浸其中,读出了一种沉重和依依不舍,还读出了一种难受和忧伤,这是一种真挚的情感。读得真好,我们该为她的阅读鼓掌。

(生鼓掌)

师:在嘎羧身上还有很多品质可以体会。还有谁可以说一说?

生13:还有忠诚和勇敢。

师:对,还有勇敢。还有什么?好,请你说说。

生17:我从课外资料中了解到了。

师:从课外资料中了解,太好了。我们读一篇文章,不仅要读课内的,更重要的还要从课外找一些东西来加深对这篇文章的理解,很好。你说说你了解到了什么。

生17:我了解到,本来象冢是大象死后要去的最神圣的地方,而嘎羧放弃了去神圣的地方,和当年一起战斗过的战友躺在一起。

师：他说了一个很好的词语——"神圣"，嘎羧不到祖先的象冢里去，难道就放弃了神圣吗？你是怎么看的？

生17：它选择和自己的战友在一起，是更神圣的。

师：对，这里不是放弃神圣，是选择和自己的战友躺在一起，这样做更神圣。

和战友躺在一起是选择神圣。那死的过程你觉得神圣不神圣？你觉得好说吗？

生17：挺好说的。

师：挺好说，那你就说说。

生17：我觉得它体力不支就是要去挖这个坑，这说明，它坚持耗费自己的体力也要去挖这个坑，要和战友躺在一起，就觉得只要和战友躺在一起，不管付出多大的努力都是值得的，所以我觉得它这样也挺神圣的。

师：好，死得很神圣。其实整个过程，也就是从它开始上路，后面充满了神圣的感觉，大家看一看，在123页第14自然段，我们看一看它的举动，读一读这些文字。想一想，你读这些文字体会到了什么？

（生读：嘎羧走了整整一夜，天亮时，来到打洛江畔。它站在江滩的卵石上，久久凝望着清波荡漾的江面。然后，它踩着哗哗流淌的江水，走到一块龟形礁石上亲了又亲，许久，又昂起头来，向着天边那轮火红的朝阳，——欧——发出震耳欲聋的吼叫。这时，它身体膨胀，四条腿皮肤紧绷绷地发亮，一双眼睛炯炯有神，吼声激越悲壮，惊得江里的鱼儿扑喇喇跳出水面。）

（一些同学把"喇喇"读成"cici"）

师：看样子预习生词这个地方没有预习到。谁来说说看，"喇喇"该读什么？查字典没有？有没有同学带了字典？看来到一个新环境上课，大家的学习用具没有带全，相信大家平时在教室里应该人守一本字典。大家下去要查。看来今后预习的时候，读课文的时候，凡是遇到不认识的字，不要轻易跳过去。

好了，大家读这段文字有一种什么感觉啊？

生18：庄严。

生15：神圣。

生19：有英雄气概。

师：来到自己曾经战斗过的战场，再遥想当年的战斗辉煌，遥想和战友们冲锋陷阵的时候，它心中充满了庄严、神圣的感觉，展现了一种英雄的气概。说得好！这里，我们由课外的神圣引到了课内的神圣。

对于这篇课文，我们基本了解了故事，体会到了嘎羧的品质。你们觉得这篇文章还有没有不明白的问题？

（没有学生提出问题）

师：我先把刚才在巡视过程中发现的一个同学的问题拿出来说。她问："为什么叫'最后一头战象'？"同学们想一想，它死的时候是不是战象啊？

生：是。

师：那我再拿出原文给大家看一看。（幻灯片出示：它已经50多岁了，脖子歪得厉害，嘴永远闭不拢，整天滴滴嗒嗒地淌着唾液；一条前腿也没能完全治好，短了一截，走起路来踬踬颠颠；本来就很稀疏的象毛几乎都掉光了，皮肤皱得就像脱水的丝瓜；岁月风尘，两根象牙积了厚厚一层难看的黄渍。）你们觉得这还像一头战象吗？它还有战象的气势和威风吗？

生：不像。

师：那为什么还是叫战象？这里写的是什么？

生20：战象的气质、精神。

师：对，尽管战象的身体已经不堪入目了，但它有战士的品质和精神，它忠诚，它有情有义，它有一颗英雄的心。所以，这里还说它是最后一头战象。还有问题没有？来，你来说。

生21：最后这战象怎么样了？

师：你说呢？最后这头战象怎么样了？

生21：它和并肩作战的战友躺在一起了。

师：好，谢谢你。你非常愿意提出问题，很好。但如果问题已经解决了，知道了答案，也可以不提出来，谢谢。

还有什么问题啊？看来大家没有问题了，我提一个问题吧，老师读了这篇课文曾经想过这是不是真的。你们这样想过吗？

生：(部分)想过。

师：想过，那为什么没有人提这样的问题？你们想过，你们认为这是不是真的？

生12：我觉得是。

生17：我觉得不是。

师：我注意了作者的身份。作者是谁啊？

生：沈石溪。

师：他是一个什么角色？

生：小说家。

师：你们对小说家写的东西有什么想法？

生14：可能是真的。

生22：也可能是假的。

师：我们可以说这头战象是作家创造的一个艺术形象，可能是真的，也可能是假的。我问你们，你们相不相信这是真的？

生：相信。

师：为什么要相信？有一篇《海的女儿》，里面有一条美人鱼，那是不是真的？

生：不是。

师：但是我们大家愿意相信她的存在吗？

生：愿意。

师：对，我们愿意相信，是因为她身上有那么多的美好和善良。这最后一头战象，我们愿意相信，也因为它身上有我们渴望的美好。美好的东西是什么？

生23：忠诚，善良，勇敢。

师：勇敢，视死如归，要有尊严。我们相信它是真的，还因为什么原因啊？写得像什么？

生24：写得像真的一样。

师：那什么地方写得像真的一样呢？大家试着找一个地方看一看。

生25：我找到了第7自然段。

师：我们看是怎么写的，大家读一读第7自然段。

（生读：没想到，嘎羧见了，一下子安静下来，用鼻子呼呼吹去蒙在上面的灰尘，鼻尖久久地在上面摩挲着，眼里泪光闪闪，像是见到了久别重逢的老朋友。）

师：你读了这一段话，有什么样的感觉？你的头脑当中有了什么？

生25：画面。

师：有了画面感，这个画面很生动。这就是写真了，写活了，作者用一些传神的动词和描写神态的词语，还用了比喻的写法。大家下课以后还可以体会一下这样写的好处。

可能是假的，但写得像真的一样，这就是艺术的真。读过这篇文章，我们愿意相信他，一是因为可以引发我们去追求一些东西，想象一些东西；二是作者通过描写，塑造了一个真实的形象。这样，在今后生活当中，这一头战象就可能让我们想起忠诚，让我们想起勇敢，让我们想起善良，让我们想起报恩。这就是艺术形象的真和作用。

还有问题没有？这样，时间不多了，同学们如果还有问题，下课后可以相互继续讨论。

老师读这篇课文的时候，还想过一个问题：波农丁和"我"是什么关系呢？"我"是怎么知道战象的故事的呢？如果这些东西不交代清楚，故事就会使人怀疑，就会变得不真。老师去查了原文，发现为了照顾同学们的学习负担和能力，课文把原文压缩了，这些细节就没有交代了。所以，如果同学们有兴趣，可以再去看看原文。比如课文当中写"我"和波农丁悄悄地跟在大象后面，他们为什么要去跟呢？仅仅是好奇吗？原文是有介绍的。哎呀，有些同学在举手了，想来回答这个问题了，你们读过原文吗？

生19：是啊。

师：我们来看一看，有哪些同学读过原文。请站起来！

（站起来十多位同学）

师：真是不错，请大家把掌声给这些同学！读过原文，就知道了背景，就有了更宽阔的视野，特别好！谢谢你们，请坐下！

原文里面，他们本来是要去干什么？

生 26：捡象牙。

师：最后捡象牙了吗？

生 26：没有，波农丁最后说了："要是我们在这里捡象牙，只怕是盖了新竹楼要起火，买了牯子牛也会被老虎咬死的。"

师：是的，波农丁受了战象的影响，相信大家也会受到影响。所以，我建议没有读原文的，要下去读一读。

有些同学还在举手，看来还有问题。我问一下，你们的问题谁来解决啊？是不是等老师来解决啊？

生：不是。

师：那怎么办？

生：自己解决。

师：好，那就自己下去解决吧。下课。

二、议课记录 [①]

参加讨论人员：

成都大学师范学院：陈大伟

山东省济南市市中区教研员：王　莹

济南经五路小学：阎　莉（校长）　李　雅（副校长）　王　煦（主任）

六年级语文教研组：张　宇　颜庭薇　陈志霞　田　达　范新鹏　李晓艳
　　李　丽

其余参与老师：林　琳　耿　洁　宋军红　刘　杰　李金辉　沈晓璐

讨论纪实：

颜庭薇：陈教授，在您上课之前，我们学校的田老师也上了《最后一头战象》，他是我们学校一位年轻的老师，很希望得到您的帮助，请您谈谈您对田老师上的这节课的感受好吗？

---

① 由济南经五路小学语文教师记录整理。

陈大伟：实际上，我通过田老师学了很多，也想了很多。我有一个建议，就是不要在多媒体上预先准备问题的答案。因为我曾经观察到这样的现象：有一节课，老师提出了一个讨论题，同学们分小组讨论，讨论中有很多精彩的东西，在全班交流的时候，大家也各抒己见，但讨论结束以后，老师亮出了幻灯片上自己的结论。这时，我听到有同学小声嘟哝："早就有了结论，还要我们讨论什么？"我以为，这是学生在抱怨老师没有尊重他们的劳动，没有尊重他们的意见。长此以往，我想，学生就不会再有参与讨论的积极性了。

颜庭薇：您的一席话点醒了梦中人呀，您在给我们传达一个信息：关注学生的基础是尊重学生。就拿高年级来说，为什么我们在课堂上要经常想方设法地让孩子们积极回答问题？而在一年级，其实你不说孩子们都很积极。这五年之内，为什么孩子们在课堂参与的程度上会发生这样的变化？实际上，就是我们很多老师在课堂上一些事先没有想到后果的设计导致了这样的变化。时间长了，学生的思想越来越得不到重视，就会出现这种情况。是吧，陈老师？

陈大伟：对，学生的很多行为是我们教师自己造就的，六年级的学生不发言，与我们在以前的教学中某种程度上不尊重他们发言的意见是紧密相关的。改变的方法就是要学生知道老师重视他们的意见，让他们觉得你尊重他，你重视他们的参与，这样他们就愿意继续参与了。

我现在有一个主张和建议，就是用word文档把课文做出来，在多媒体上放出来，学生说到哪个词你就把哪个词刷红，一刷，代表他的意见得到了尊重。如果学生没有说到，你再把自己希望关注的文字刷红，这可以让学生意识到，他们的意见是得到尊重和重视的，这样还可以给其他同学指示正在学习的内容。

颜庭薇：我想，陈老师想要告诉我们的是，课堂上的任何一个环节，包括我们采取多媒体的手段，也要为学生的学习服务，在课堂中的每一个细节，每一个点，都要尊重学生，把关注学生落到实处。

还有就是我注意到田老师在教学中在引导学生阅读时，没有读出教学目标中所预期达到的效果。陈老师，您怎么看待这个问题？

陈大伟： 我觉得田老师的指导作用发挥得还不错，课堂上有这样一个细节：有一位同学先读了一次，田老师不太满意，他提醒了最好怎么读，这位同学第二次读的效果就有了改变，这里的提醒就很不错。接下来，他又等了一会儿，让大家体会着读，我注意到，同学们是读得不错的。

反倒是我的课堂有些问题，总体的问题是教学氛围和课文的风格不太匹配。为什么呢？因为这篇课文应该读得很凝重，教得很凝重，教得很悲壮。我在课堂上想让学生对学习过程感觉快乐一些，学得自由一些。这样，课堂上快乐的过程和凝重的教学内容不太合拍。我自己在设计时对此有过考虑，最后选择的是过程的快乐。我想，这是第一次和学生见面，我不能教得太压抑，如果我教这个班多一些，可能会在营造英雄迟暮即将老去的凝重和悲壮氛围上多倾斜一下。

注意整体把握文章格调，为阅读中的情感作一个基本的定位，我把这样的策略叫作阅读的指导策略。

颜庭薇： 你瞧，提高课堂效率的策略我们除了从文本的开发去总结外，还有就是从关注学生课堂表现上去领悟。今天上午的时候，我们年级的语文老师也在一起交流。张老师上过这一课了，她说到了一些困惑，我们也请她说一说。

张　宇： 在说疑惑之前，我想先说说我的一个感想。听了您的课，我觉得和我有非常非常多的不同，刚才我内心其实就一直受到触动。我就在想，平常我们每天都在研究和处理教材，在寻找教学策略，但是不是还是长期待在一个模式里面被禁锢了？对您的课，我总结出了三个关键词，我觉得对我的触动特别大。

第一个关键词是关注，和您刚才说的尊重学生有相同的意思。您关注每一个学生的学习基础，比如说一开始先和孩子交流，把他们的基础弄得非常清楚；然后关注每一个学生学习的表情，我注意到了，一个坐在后排的小男孩，开始他并不愿意举手回答问题，他可能对这个课不是很感兴趣。但是您发现了他，关注到了这个学生，并大胆地鼓励他回答问题，后面他就开始主动地举手了。

陈大伟： 但是，也有一位同学的效果不理想。我注意到他对学习不热心，我到他身边去关注过他三次，我建议他要和同学交流，他也和同学交流了，应该说也有变化，但离我的期望还是有距离的。看来学生的成长需要我们长期去关注，后期效果才能显现出来。

张　宇：再一个就是关注所有学生的一个参与度，比如您刚才举的这个我们没有发现的例子。您还特别关注哪些同学还没有举手。还有就是关注每一位学生的问题，包括课前您跟他们交流的问题，您在课堂上没有放过课前课中的任何一个问题，在课堂上您都陆陆续续地解答了他们的问题。再一个是真心地评价每一位学生，这个点实在是太多了，我都记不下来了，就是说如果我是这个班的成员，我上完这节课，绝对会非常非常兴奋，越来越喜欢，自信满满的。再一个就是您耐心地引导，关注每一个细节，很多细小的细节您都注意到了，比如说一个学生在回答问题的时候，其他学生也跟着他找到了相应的自然段。还有就是抓住每一个表扬学生的机会，我印象特别深的是，有一个小女孩，她在读那个告别亲人、告别村民的那一部分，声音很轻，说实话我都没有听得太清楚，我感觉她的感情还是不投入，但是您的评价一出来，我们就感受到，这个孩子读这段的时候，真的打动了她内心了。我觉得这个孩子，因为您这一次表扬她，可能会更加努力地学习，成绩越来越好，越来越自信，这就是我学到的该怎样去关注。

第二个关键词就是引导，包括四个小的方面。一是内容梳理，说实话，您这节课，就一个体系，把战象的形象梳理出来，做得好高级，这是像您这样的大家才能操控的，能把这个教案上升到这样一个高度。二是情感触动的一个引导，就是让孩子通过想象，有的是想象，有的是默读、品读，去走进大象的内心世界，然后体会到当时不同的情景和情感。三是学习习惯的引导，包括最后学生预习得不到位，该预习的地方引导他要预习，要查字典来学习，自己的事情、自己没有解决的就要通过自己来解决，还有最后要阅读原文的一个引导。四是对预习的利用，比如说开始预习，然后学生交流，这就让我知道，每节课之前我都要让他们预习。我在听课本上写了一句话：化指导为无形，我觉得真的起到了这样一个效果。

第三个关键词，我觉得就是风范。风范呢，我觉得是我们很多老师不好把握的，您多年的经验形成了自己的风格，虽然您说自己的课堂风格与这篇课文的情感色彩不是很一致，但我听了之后真是深有感触，您的这种风格就您独有，我们仿学也只能做到形似而不能神似。再有就是教材处理和把握，尤其是到后面和学生一起去讨论"真"这个问题，真正讲到艺术的问题，我就觉得，一下子这节课提升了一个高度，这是我们没有想到的，我特别有感触。

说了这些感触之后，我还想问问您我们没有解决好的问题，我们在课堂上是力求体现文意兼得，就是内容和表达相统一。内容是一条线索，随着内容推动的情感又是一条线索，还有一个表达的线索，几条线索、多个任务交织在一起，我们总觉得自己处理不好，不知道您有没有什么好的方法。

陈大伟： 首先我也没有处理好这些关系，我也常常会出现顾此失彼，彼此并不和谐的问题。但我认为，教学是选择和平衡的艺术，在40分钟的课堂里什么都追求，什么都想要，一定是什么东西都得不到，你必须有选择和取舍，所以一定会有舍弃的痛苦，也会有有所忽略的遗憾。比如我这节课，我在写的方面、练笔的方面就不如田老师做得到位。舍弃了写的练笔，我取了什么呢？取了对艺术的美和艺术的真的玩味。要传递"真"，就有写法的分析了。我没有直接说，可以这样写，但让学生知道了这样写可以传神，可以写真。我想写法的培养也就在其中了。

我是主张课堂上让学生动起来的，动起来的前提是生出对这篇课文的兴趣来，也就是先动情，动情以后再去体会感情是如何写出来的，这就引出了文的特征和写作手法，让学生知道要这样表达的情，需要怎样去写，可以怎样去写。以今天的课堂为例，先说感受到了什么，然后在有感受的地方理解表达。就是先动情，然后体会为什么会动情，作者是怎么表达得让我们动情的。第一要概括故事，第二要有感受，第三是要体会写法，而且要让学生知道，只有写成这样了，别人才会相信，别人才会有身临其境的感觉，这就让学生体会到了另外一种东西。就是这样。

张　宇： 看来文意兼得的选择点还得需要根据文本的特点及学生的需求来确定和选择。

颜庭薇： 就是呀，看来我们还得从"文意兼得"的"兼"字上多研究呀。其他老师，我们可以畅所欲言。针对这一点，陈老师您也可以发表一下您的观点。

陈大伟：我再说一说，刚才有老师问我教学的准备，我说首先是认真读了课文，然后是读了原文，接着研究了文章的故事是不是真的。走进教室，我自己把这些东西都放到一边，就从学生的基础入手，因势利导，顺水推舟。

这里有一个指导思想，那就是《道德经》里的"弱者，道之用"，我的理解是你要去引导学生，你要弱下来，不要让学生眼巴巴地看你，等你。我要告诉学生，老师没有你需要的答案和知识，你得自己去找，去发现，在这样的过程中，让学生得到锻炼。我自己觉得要这样教，就需要稍微慢一些，学会倾听，倾听学生背后有价值的东西，把有价值的东西引导出来。比如说一个学生说神圣，我课前没有想到他会说神圣，一听到神圣，我就马上想如何利用，最后的结果是理解这头战象选择了另外一种神圣。

当然，也有学生没有说出来，需要教师主动提出来的。比如战象的"战"字，我预先想过这个字，如果学生不提我就可能提出来。结果学生在课前提出来了，她的意思很简单：这篇文章的题目是"最后一头战象"，为什么用这个题目？我顺带引出"这一头战象是否可以称为战象"，这是我的预备。于是在分析战象的时候，我就把原文中邋遢的战象形象拿出来，这实际上想告诉学生：英雄不是看长相和地位，而是看他是否有高贵的心灵，是否有高贵的行为。

颜庭薇：你看，观了陈老师的课，真是有什么样的人，就会有什么样的人生，就有什么样的课堂。昨天下午听您那个报告，我觉得在您生活中研究的，报告中的东西，跟今天课堂上表现出来的东西实际上是一致的，您是一个真实的人。

我跟您接触了两天，在观您的课的时候，我不光在议您的课了，更重要的是在品您这个人。我在想向您学习的是一些什么东西。我今天终于知道，通过您的课堂带给我们的，不光是课怎么上，同时是人该怎么样去做。课堂有效其实很简单，就是如何真正做到关注学生。就像您提到的包括之前的预习，文意兼得点的设计等，所采取的有效策略，无非就是在关注和了解了学生的基础上所产生的课堂程序。

我就反思我自己身上的一些问题，准备一节课，我的目标也很明确，也很一致，可是一到课堂上感觉就不是那么回事，预备的东西上不出来。我有个最大的毛病，就是我特别关注的是一些附加的东西，比如说关注后面的领导什么表情啊，其他老师怎么皱眉头了呢，等等，这一下子就让我忘了自己该干什么了。

陈大伟：那我给你说一个经验，要上好公开课，第一个要点是眼睛不看后面的评委和领导。你只看学生，你眼睛中就是全班同学，不管后面有什么样的人。我想，你要是真正做到了心随学生而动，你的课就会有另外的境界。

颜庭薇：课堂上，"教师的心随学生而动"，真是茅塞顿开呀。正好，下节课的时候，我们学校的主任也要听我的课，我一定要在那个课堂上，改变我这个毛病。如果课堂上我改掉了这个毛病，我想我才是真正地领会到了"心随学生而动"的精髓。

李　雅：这两天我一直在学习观课，特别是今天中午跟陈教授学了"观课的时候怎么观"的一招，我今天就观察学生在课堂上的表现和表情。我发现在上田老师的课的时候，学生听得应该说比较认真，但并不是所有人的眼神都在盯着老师，老师走到后面去的时候，坐在前面的学生也没有回头的现象。在陈教授的课上，我看到的是，他的声音很低，比田老师的声音要低，但是所有的孩子的头和眼神自始至终是跟着教授的。

田　达：刚才听陈教授说，我也注意找这个问题的根源了，我觉得就是"弱者，道之用"，是一个强势和一个弱势的问题。我的课就是我在课堂上说，总是很强势，学生总是听我的，只要学生答到我心里想要的答案了，我就觉得可以了，没有特别地去发散学生的思维，更别说去关注学生的表情呀，发言语气的变化了。陈教授在课堂上说话很少，就是你进我退，你退我就进。

李　丽：其实，这是大家在上课时普遍存在的一个现象。今天没有去关注一些具体的教法和一些策略，我就关注了他们怎么评价学生，我发现有很大的不同。陈教授的教学评价，我有很深刻的印象，比如说，刚才那位同学一边翻书一边口头念叨，陈教授说这种方法值得大家学习，实际上就在要求学生动脑动口，他是在用一个孩子的学习行为去启发其他孩子的学习行为，我注意到，他的这种娓娓道来的启发，发挥了很大的作用，孩子们都在听着教授讲，这种方法从课一开始一直贯穿到最后。

通过这种现象我就在想，一易一难，易的是，我们在一些具体教学策略上讨论，并达成共识，难的是我们的这种理念的根本转变，也就是陈教授一开始说的尊重，尊重很难。

我觉得现在我们在授课的过程中，总是把精力集中在讨论那个句子，就是这句话要精确到这个字，往往考虑的是这个话对这个课的效果，而不是孩子在学习过程中受益的是什么。陈教授做的是对孩子的一种学习意识的梳理，一种学习习惯的推进和培养。我们在上课的过程中，评价往往达不到这样一种层次，所以我们就是在上课，没有达到陈教授讲的追求理想课堂的境界。

田　达：对，我们只是在说知识。

李　丽：对，就像你刚才说的，强势地表现自己，没有这种"弱者，道之用"。

李　雅：我还是说刚才这个现象，为什么我们的课，学生没有自始至终地跟着你走呢？因为我们的学生感受到的是，这个课是在他之上的，在他之外的，和他之间的关联不是很大，学生觉得我学得好与不好，老师都不在意，老师只在意的是他的教。

陈教授，因为我是教语文出身的，我说了您别介意，我觉得您这节课的课感，不如我们田老师。可为什么每个孩子都愿意把目光放在您身上，都愿意跟随您？我认为，是学生觉得这个老师"他对我是关注的"。陈教授表达和传递给每一个学生的信息就是"我关注你"，"你是重要的"。我还注意到，关注每一个学生并不是说学生说得都对。比如，学生把知道答案的东西当成问题提出来，陈教授说："你非常愿意提出问题，很好。但如果问题已经解决了，知道了答案也可以不提出来。"这样做的结果是，每一个孩子都在问，都在说，眼神都在跟着教师走。

这几天的学习没白学，特别是对以后怎么观课和议课，给我很大的启发。今天陈教授告诉我：你先别去听那个老师怎么讲，你看学生啊，你看学生的眼神啊。今天把眼睛放在学生身上，感觉就是不一样。陈教授的课，开始的时候还是我们平常的那个状态,但是到了最后,还真的是,学生都在学,都在盯着陈教授。这个过程、这个变化,是源自人格的魅力,是关注学生的魅力。

我们区的语文教研员王老师也来了,请您也说两句吧。

王　莹:我觉得今天下午听陈老师讲课真的是一个很好的学习过程。刚才大家都在讨论学生在课堂上的不同。如果说看学生的不同,我觉得,最根本的是看学生跟老师接触时是不是心心相印的。刚才陈老师说,课堂上他想让每一个孩子进入一个幸福的学习过程,陈老师的这节语文课,就讲了几个大问题,但学生得到了最充分的尊重,这个尊重源于什么?就是在交流的过程中,陈老师是在挖掘每一个可以利用的教育资源。比如说学生翻书的过程,他看到了,就给予学生认可,这个学生就在心理上获得"老师在关注我,关注我那么细致"的感受,他很高兴,很兴奋,他喜欢老师,他就愿意听你的。他对每一个孩子细致的指导,我觉得就是在尽可能地挖掘可利用的能够让学生幸福的教育资源。而我们在上课的时候,就只是在努力地挖掘教材中的知识。

田　达:对,我们挖掘最多的是知识和知识点,听学生回答的时候更多的是要答案。

李晓艳:我是带班的老师,我首先要代表班上的每一位同学谢谢陈老师,谢谢您让他们享受了一次幸福的课堂生活。

当然我也有了一种担心,那就是昨天陈老师在作讲座时说学生会拿课文中的教师和现实中的教师比较,我担心学生会拿我和陈老师比较。不过,这也给了我一次改变原有教学的机会。听课的时候,我就在想明天上课我该怎么改一改。

对陈老师的课,我就是这种感受,陈老师一直从不同的角度来关注孩子,将整个课堂气氛都带动起来了,虽然有的孩子没说话,但是我能看得出他们在思考,这种认真的思考也很有价值,因为我曾经看到过一句话,原句记不清了,大概意思是,没有说话的人可能在作更深刻的思考,我能看出来他们在认真地思考。

颜庭薇:我觉得这一次活动是非常有效的,不光是各位老师有收获,而且我们教研组也非常有收获。谢谢您，陈老师，也借用您报告里面的一句话：我们很高兴，因为我们还是嫩绿的。我们会把今天探讨的"如何关注课堂上的每一个学生"作为我们的后续研究课题，也希望以后还有机会再邀请您参与我们的研究，关注我们的发展。

好。也谢谢大家！

探寻一个敞亮的教学视界[1]
——记一次现场议课活动

这次议课的讨论对象是两节录像课：一节初中语文，内容是刘心武的《冬日看海人》，一篇自读课文；一节初中数学，内容是《镜子改变了什么》。

这两节课是专门为研讨活动录制的原生态的课——没有打磨、粉饰和作秀，录像时多把镜头放在学生身上。研讨活动由我主持。

我提前看完录像，确定了如下讨论的重点和切入点：

对于数学课，主要讨论两个问题：一是从教材的认识和处理入手，讨论数学与生活的关联以及如何在教学中建立和实现这种关联；二是从教材处理的疑惑、问题入手，讨论教师与教材的关系。主要讨论思路是：从课例中引出理念，再讨论如何将理念体现在行为中，进而改进行为。我从录像中剪取了 3 分钟的视频，供讨论用。

对于语文课，我考虑从教师现有的教学行为入手，通过深入对话，揭示教学行为的可能效果，讨论支撑教师教学行为背后的价值观念，提出可以改进的行为以及由此可能产生的行为效果，以实现理念和行为的重构。我剪取了 10 分钟的视频，用作讨论的材料。

要真正促进教师专业发展，就必须直面问题，坦诚交流。为了减少相互交流时执教者的顾虑，我在讨论活动前挤出很短的时间与她们进行了沟通，

---

[1] 刊于《人民教育》2006 年第 7 期。

两位老师对我说，她们渴望成长，希望我不要有顾虑。

数学课：从思想到行为的比照

重拾思想

陈大伟：各位老师，昨天下午大家先后观看了《镜子改变了什么》和《冬日看海人》两节课。今天上午，执教的 A 老师、B 老师将和我们一起对课进行讨论。即将展开的议课采用直面问题的策略，需要献课老师具备一定的勇气和宽广的胸怀，对此我们要特别向两位老师表示敬意。（掌声）

陈大伟：A 老师，你有几年教龄了？

A 老师：我只有五年教龄。

陈大伟：那是教了三年旧教材，教了两年新课程。现在，请你想一想：这一部分内容新课程的教材与原来的教材比较，有什么变化？

A 老师：我觉得新教材有一个最大的特点是与生活息息相关，数学不再是简单的文字符号。这节课就是要学生明白一个简单的道理：把任何物体放在镜子面前，都能找到关于镜面的轴对称图形。在具体教学中，不是给出结论，而是通过一系列活动让学生感受、体会，最后让学生能够找到轴对称图形。

陈大伟：你说得很好，现在让我们看一看教材。（用多媒体展示教材相关内容）从教材中我们可以看出这样两个特点：

首先，教材中没有一句结论性的话语，有的只是让学生活动的建议和活动中要思考的问题提示。可以说，教材由原来的知识的载体变成了引导学生进行探究的素材。这种变化意味着什么呢？我体会，没有了结论，意味着教的东西不是很明确了，意味着教学的灵活性增加了，教师的选择空间扩大了，教师有了更大的教学自由空间。但是，自由空间的增大也意味选择难度的增加，因为我们要对自己的选择承担责任，这种责任是：是否实现了学生的更好发展？比如通过这些学习活动，学生学到东西没有？选择难度增大以后，对教师的素质要求自然提高。基于这样的原因，大家才说，教师的专业化水平影响着课程改革的成败。

其次,就是你提到的另外一个特点——你用"最大的特点"来表述,这就是新课程中的数学与生活息息相关。我在这里用"远离生活"来表述过去的数学,用"数学与生活紧密相连"来表述新课程中的数学。你认为这种变化试图体现什么样的教学理念?

A 老师: 我觉得体现的理念主要是:要让学生感觉到我们要学的是有用的数学,学数学的目的并不在于做几道题。我曾经给学生出了一个题目:试一试,在生活中,你不用数字,不用数学的方法和知识,能不能度过一天?学生回答说不能,因为生活中处处都存在数学。我想让学生感受到,在生活中数学无处不在,学习数学非常必要。另外在数学学习中,我们还要通过活动,让学生注意到数学学习过程是一个不断探索的过程。

陈大伟: 这就是你刚才说的加强了数学与生活的联系,加强这种联系的目的是什么?要给学生什么样的感受体会?

A 老师:(迟疑)就是我刚才所说的,数学来源于生活,数学在我们生活中是非常重要的。我想请问您是怎么想的?

陈大伟: 你已经说到这个方面的意思了。在《数学课程标准》中有这样的理念:人人学有价值的数学。教学中应该让学生体会什么呢?我以为要体会数学在我们的生活中,我们生活在数学中。我个人以为,因为生活中有数学,所以为了更好地生活,我们需要学习数学,而且要学习有用的数学。而教师在教育教学活动中,又要注意揭示数学的价值在于解决生活中的问题,在于提高生活的质量。从数学在生活中的角度,我们应该让学生体会到:数学并不神秘,我们可以在生活中培养数感、方位感、养成数学意识,以数学方式思考和解决问题。这两点,实际上是告诉学生数学的价值是什么,数学是怎么产生的,避免生活与数学的疏离,使学生喜欢数学,愿意学数学。

检视课堂

陈大伟: 生活在数学中,这还只是一个观念,要把这个观念落实到教学活动中,我们该怎么办?我想知道你是怎么做的。

A 老师: 嗯,对这个问题我们用了大量生活中的图片,还有汽车号码等，让学生感受和体验……

陈大伟：我认为，你在后面安排警察如何识别嫌疑犯撒谎的问题思考，至少可以告诉学生，学好数学可以不被欺骗。而让学生认识照镜子也是在接触数学，以及后面的判断汽车车牌、判定饭桌的方位，这些教学活动都可以给学生"数学在生活中，生活中有数学，数学并不神秘，我们可以从生活中学习数学"的感受。

陈大伟：一方面要加强数学与生活的紧密结合，另一方面又要揭示数学的知识和方法。在这方面，具体到这一节课，你有什么成功的经验？有没有不满意的地方？

A老师：我自己觉得比较好的一点，是我利用了学生每天都要照镜子的经验，由于有这样的经验，从学生的反应上看，他们都比较容易地完成了课本上的活动。如果反思存在什么问题，我感觉好像学生并不知道上完这一节课以后，究竟应该有什么收获。他们会不会感觉没有收获？对这个问题我没有去问过学生。

陈大伟：各位老师都听了这一节课，大家会不会也有这样的困惑？（一些老师点头）看来有。我也有这样的困惑。对此我有一个不一定恰当的认识：是有了生活，但没有教数学；或者说，教了生活，但没有教数学。

刚才我们讲要用生活来教数学，在学生学了数学以后要用数学解决生活中的问题。A老师的疑惑是，安排了学生照镜子，学生参与了活动，但由此所获得的东西是什么呢？有什么收获呢？会不会没有收获？其实，在新课程中，很多老师都有"学生得到了什么"这样的困惑。所以有的老师说，这样热热闹闹，学生可能得不到东西，他们担心误了孩子。

实际上，经历本身就是收获。认识到数学和生活的联系，从而更喜欢数学，这也是收获。但在这里，利用这节课，我们主要想讨论：在什么地方可以把生活引导向数学？如何把解决生活问题的过程同时变成提升数学水平和能力的过程？

这一节数学课的主题是"轴对称现象""轴对称图形"，我们可以看一看，具体落实到照镜子的过程中，A老师是否紧紧扣住了"轴对称现象"？是否注意分析和巩固了原来学习的轴对称知识，比如轴对称现象的要素——

对称轴是什么，为什么说是轴对称，等等？

A老师：这一点，我觉得做得不够好。

陈大伟：实事求是地说，你做了一些。比如在照镜子的时候，你就说了这就是轴对称现象。但我觉得作为巩固课、运用课，我们不能仅仅满足于此，我们还可以通过一些例子让学生用数学的方法和思维把这些问题弄清楚。

我们现在可以想一想：小明站在镜子前，从镜子中的像判断，小明举起的是哪只手？找的过程蕴含着怎么样的数学价值？前面的基础是什么？对后续学习的帮助是什么？这些问题我们都该好好想一想。

陈大伟：A老师，现在我们想一想，在找的过程中实际找了什么？

A老师：找了位置，运用了位置的确定。

陈大伟：对，生活中我们找的是手，数学中我们找的是位置。那为什么能够确定位置？是根据什么数学方法来确定位置的？

A老师：能够确定位置是因为它们之间存在轴对称现象，彼此是轴对称图形。找的方法运用了轴对称的方法。

陈大伟：我们可以进一步思考：轴对称方法又是什么？又该怎么运用呢？

……

陈大伟：你看，当你思考和回答这个问题并在教学活动中将学生引向它的时候，数学的知识和能力就出来了。我理解，它就是在初步了解轴对称图形的基础上，进一步巩固轴对称的概念，初步运用轴对称方法找位置，并为以后作轴对称图形奠定基础。

这样，在学生正确地找出位置以后，可以让学生想一想：是怎么找出来的？运用了什么办法？在头脑中有一个什么样的图像和过程？同时，可以请学生在黑板上尝试画一下头脑中的图像，使他的思考显性化，转化为方法和能力。也可以说，这样的过程是把生活问题抽象成数学问题，然后提炼解决问题的"数学模型"，最后用这样的"数学模型"解决类似问题的过程。这样就把解决生活问题的过程变成了数学"建模"的过程。

加强数学与生活的联系以后，在课堂上我们将不断引出生活中的故事，

实践案例篇 | 171

重现生活中的故事。但这种重现不是简单重复，它不能仅仅停留在原有的生活水平上，它不仅需要结构化、组织化，更需要深化和赋予意义。因此，在进行教学设计时，我们需要想一想：呈现和研究这些例子要达到什么样的目的？每一个教学活动背后的数学意义是什么？要想一想，它对学生理解、掌握和巩固学科知识有什么价值？想清楚这些问题以后，就不至于产生"我教这个东西，最后学生得到了什么，考试成绩会不会下降"这样的疑惑，就不会担心成绩，不会怀疑新课程。

追问"卡"住的地方

陈大伟： 我在观课的过程中，总体感觉教学进展比较流畅，但我也注意到有一个地方有一点"卡"。"卡"就是教学活动进行得不流畅，花了很多工夫都没有"翻"过去。我们常说课后反思，我觉得最应该反思的就是课堂上卡住的地方。我已经把这段资料剪辑下来，我们一起来看一看。

老师：通过观察刚才的图片，我们现在想一想：镜子到底改变了什么呢？

（学生犹疑）

老师：（重复）镜子改变了什么呢？

（学生仍然犹疑）

老师：（边用手势提醒，边引导学生回顾）刚才我们欣赏了四幅风景图，我们发现怎么样了——倒过来了，倒过来了改变了什么？

一个女生举手站起来迟疑地说：镜子改变了物体的方向和位置，还有形状……哦，只改变了物体的方向和位置。

老师：（探询与暗示）位置？改变了吗？

学生：改变了物体的……

老师：那么说我们刚才的风景图，上面的风景……

学生：改变了方向……

老师：（强调）改变了方向。然后呢，你刚才说到了位置？考虑一下，位置改变了吗？

学生：位置没有改变。

老师：是的。位置是没有改变的。那总结一下，"镜子改变了什么"？

学生：改变了方向。

老师：很好，请坐下。（板书：改变方向）

老师：镜子改变的是物体的方向，实质上也就是说，镜子中的像与原来物体的像是关于镜面的什么？成什么？咱们叫什么？

部分学生：（小声）轴对称……

老师：成轴对称。（板书：实质上，镜子中的像与原物体成轴对称。）

老师：好，那大家先认识到这一点。我们在这里说，镜子有可能改变物体的上下方向，也可能改变左右方向，这要具体看镜子是怎么放的了。

……

陈大伟：在你提出"镜子到底改变了什么"的问题时，学生在犹豫。因为他们不知道改变了什么，你用手势来启发、提醒，一个学生终于被启发了，然后说改变了方向、位置，甚至形状。最后在你的帮助下，又意识到位置、形状没有改变。在这个地方，学生不理解，老师教着有困难，有一点"卡"。我们可以反思一下，问题出在什么地方？

A 老师：我觉得出在我提的"问题"上。我这个问题是让学生思考镜子改变了什么，但他们想不出合适的答案。

陈大伟：为什么想不出合适的答案？

A 老师：现在我知道镜子其实不能改变什么。

陈大伟：看来是这个"问题"有问题了。我想再问一下，这个"问题"是从什么地方来的？

A 老师：这是课本上的标题。当时也没有想到去琢磨标题。

陈大伟：你问的"问题"是从课本中来的？现在我们想讨论课本中的"镜子改变了什么"这个标题有没有问题。

（下面有一位老师认为，对学生这样说没有问题，成人才会深究这样的问题。）

陈大伟：我觉得，作为老师我们需要吃透教材，以避免"以其昏昏，使人昏昏"。因此我们需要研究"镜子改变了什么"这个题目本身有没有问题。

（下面几个老师说："没有问题。"）

陈大伟：没有问题吗？镜子能不能改变方向？（下面一位老师说："不能改变方向。"）我同意你的看法，因为我照镜子时，我还是我，我没有动，我本身没有改变方向。那这个题目可不可以换一下："物体和它镜中的像"？这样，"像"和"物"就是以镜面为对称轴的轴对称图形。

……

陈大伟：好了，对数学案例，我们就讨论到这里。围绕这一节课，我们主要讨论了将理念转化为实践，怎么理解和适应教材的变化，怎么在教材面前做"主人"。谢谢 A 老师，也谢谢刚才参与交流的其他老师。

语文课：由学生折射回来的教育反思

观察从学生出发

陈大伟：下面我们一起来讨论语文课。我想采用与数学课相反的思路：从行为入手讨论支持行为和技术的理念，思考怎么样通过改变理念达到改变行为的目的。

对 B 老师的《冬日看海人》，大家已经看过完整的课堂录像，在这里我们先看一个片段，围绕片段展开讨论。看的时候，我请大家注意观察学生，并想一想你会讨论哪些问题。（播放视频片段）

B 老师：同学们，这篇课文一共有 11 个自然段，前 10 个自然段我请 10 个同学来读，最后一个自然段我来读。好，咱们来找 10 个同学。第 1 段，谁来？

（学生没有反应）

B 老师：（目光巡视一圈）嗯？没有人敢读吗？这不符合七班的风格呀。（发现了一个学生举手）你看，这就有英雄出现了，好吧，你读第 1 段！谁读第 2 段？好，这位女同学读第 2 段。因为不认识大家，我只好抽人读了。谁读第 3 段？有没有男生？

［同学们将目光投射在刚才一个发言比较积极的男同学（C同学）身上。］

B老师：大家不要看他，他已经得到几次发言机会了。这位同学来读第3段吧，抽到的同学站起来吧。

［前三位同学站起来。然后老师再请7位同学起来读书，又有7位同学站起来（C同学被安排读第8自然段）。］

（此过程耗时1分24秒）

B老师：读书的同学，我对你们没有什么特别的要求，只是要求你们声音要大一点让大家听清楚，希望在下面听的同学用心去听，如果有同学读的过程中有什么错误，等他读完了，我们再一块儿帮助他纠正，好不好？现在我们开始读。

（第一个学生读书，老师认真地看着自己的课本。）

（第一个学生读完）

B老师：（评价）你读得非常好，我建议你长大以后到中央电视台当一名儿童节目的陈大伟，你的声音非常具有亲和力，听着真亲切，而且你的长相也非常可爱。谁读第2段呢？接着来。

（第二个学生读）

B老师：（评价）很好，接着来……

（其余同学读，老师没有再评价，一直看着自己的课本。这之中，镜头停留在C同学身上，C同学先把桌上的一个东西藏在桌子下面，然后从课桌上拿起阅读资料，试图掩盖自己的尴尬，但在长达3分钟的站立中，这位同学明显不安和无聊。）

（第十位同学读完）

B老师：很好，请坐，最后一段我来读。

（音乐响起，在音乐声中，老师富有感染力地读完最后一段。）

B老师：好，在我们大家的合作下，我们把这篇课文读完了。我想，同学们都读得很好。尤其是读第8段的男同学（C同学），我也给你提一个很好的建议，你的声音非常浑厚，以后可以考中央广播学院，没有问题！当然大家读得都很好，我发现，七班的同学读得都比我好。希望大家在以后的教学活动中表现更精彩。

陈大伟： 这个片段中，我们将主要关注学生，从学生的行为表现来思考教师行为的合理性。我们已经注意到，这节课是借班上课。借班上课中看到的现象与平常教学并无多大关联，这是我们要注意的。但这又是一次研讨活动，需要我们深入挖掘。

"深思熟虑"与"司空见惯"的行为分析

陈大伟： 在这个课例中，B 老师一共用了 50 分钟。因此，我们可以讨论：什么地方浪费了时间？哪些地方可以节省时间？新课程提倡学生参与，应该怎样激励学生参与？我们平常的教学行为是否有利于达到这个要求？

B 老师，我想提出的第一个问题是：为什么安排学生读前十个自然段以后，要自己读最后一段？这样设计是怎么想的？会带来什么效果？

B 老师： 虽然超时了，但回过头来问我是否后悔安排学生读，我的感受是不后悔。语文是一个生活性很强的学科，很多的感受不应该由老师来讲，学生读到了他就悟到了，语文的效果要看你开启他多少思路，使他悟到了什么。在我的课堂上，我绝不吝啬时间让学生去读，而是充分尊重学生的读，所以时间超了。

为什么自己去读最后一段，也没有什么特别的考虑，这是一个出彩的地方，它有一个语言的升华和递进，"执着的心""童话般美丽的心灵"，让老师去读出味道，可能对学生理解有一定帮助。所以，还是由我抢夺了这块阵地，把展现水平和能力的地方留给了自己。相对而言，我还认为，朗读是自身的优势，我也希望展示自己的优势。

陈大伟： 谢谢你关于阅读问题的理解和经验。我个人同意你的见解，就语文教学而言，我以为语感需要在阅读中培养，体验需要在阅读中实现。对开始安排学生朗读，我是赞成和欣赏的。现在的问题是为什么要安排自己读最后一段，而且自己读的时候配上音乐，学生读的时候没有音乐。刚才你说了，因为第 11 自然段是文章中最重要、最精彩的部分，所以要画龙点睛，突出重点，让学生更深刻地体会这位乡村教师的平凡和伟大，这种想法也没有错。但如果我作为学生，你知道我在想什么？我会想，我们十个人读，最后还是你精彩，干脆我们把精彩全部让给你，以后我们不读了。（大家笑）会不会有学生产生这种感受呢？你可以作一下调查。

B 老师：当然啦，我自己也有一定的错误，比如说，提出了其他同学给读的同学找找错误。刚才我在看自己的录像时才注意到，这不符合新课程理念，这是一个典型的反例。读书的同学听了以后，就会有心理压力，会战战兢兢，如履薄冰，他生怕读错，被老师或者同学发现问题，就不会全身心地投入到读中了。这是我犯的一个很大的错误。还有就是在学生读完以后，我也没有很好地让学生评价，这就会造成一种假象，对学生不尊重——你说了要让我们来评价，你又不给我们提供发言的机会。我觉得这一点，也是做得很不到位的。

陈大伟：你说自己犯了一个错误，说得太严重了一点。其实我们也经常出现这些问题，只是在公开课上大家对此更在意罢了。因为有这样那样的问题，才说明你的课未经打磨而质朴，因为有这些大家都容易出现的问题，你的课才更有讨论的价值。

对课堂上的行为，我们该怎么看呢？我以为我们的教学行为总是自我选择的结果，有的选择是深思熟虑的，有的是过去选择的并形成了习惯，有的则是应急式的。

对于深思熟虑的选择，我们就一定要想清楚为什么这样选择，会得到什么样的效果。比如，刚才你安排自己读最后一段，这是一个深思熟虑的选择，因为你还配了音乐。

对于未加思索习惯式的选择和行为，分析和改进的价值更大，因为它们已经成为一种习惯，我们会经常不自觉地使用。对于让其他同学给读的同学找错误，你认为这会使读的同学紧张，推测很有道理，这是我以前没有想到的。我还想到了另外的问题，那就是被抽起来的学生会不会这样想：早知道我就不该举手，你叫我起来我就不该起来，下一次我不会再这样了？而没有被叫起来的同学会不会庆幸：幸好我没有举手，幸好老师没有叫我，但愿下次也这样？

被忽略的关注

陈大伟：我想再提出一个问题：学生读书的时候，你在干什么？干什么更好？

B 老师：我在跟着学生一起读。我觉得这个语言点值得品味，我就会和学生一起读，低着头看书，看学生能不能读出这个点。

陈大伟：这是你的明确的选择行为了，也很有道理，因为和学生一起读，这是建设"学习共同体"的一种方式。但我的看法和你不同，我觉得，在学生读书的时候，最好还是看着学生，让学生感受到你在关注他、尊重他；看着学生才能更好地保持对课堂的调节和控制，才能更好地关注课堂的生成。我认为，你只有看着同学们，才能比较全面地收集教学的信息，接受学生的反馈。

陈大伟：最后一个问题，刚才我们曾经特别提醒看 C 同学的神态，当他在站着等读第 8 自然段的时候，他有一种什么样的神态？现在我们来思考讨论：这个学生的神态表明了一种什么样的状态？什么样的心情？避免这种现象出现，我们可以有什么改进？你能猜想一下并回答吗？

B 老师：当您刚才提醒我们看这个学生神态的时候，我才开始注意到这个神态。这个神态让我联想到更多的神态，这种神态是学生对语文不感兴趣、不重视语文的神态，他对这个教学内容没有产生情感，他对这位乡村教师不感兴趣。对于这一点，作为语文老师常常有一种无奈，我们也常常感到无能为力。对这个问题，我不知道您怎么看。

（B 老师发言结束后，下面一位 D 老师举手要求发言。）

D 老师：刚才我听了 B 老师的看法，我不能同意。我是教语文的，肯定地说，教语文会有很多困惑和尴尬，但我们不能选择一种逃避的方式，或是推卸责任的方式。这个学生为什么会有这样的眼神，实际上和老师的设计是有关系的，不能说是语文的尴尬、语文的困惑，如果说学生没有兴趣，老师的责任是让他有兴趣。（掌声）

陈大伟：谢谢你，你是一个善于思考并主动承担责任的教师。我认为，在这节课上，学生是有兴趣的，也是被感动了的。比如，最后当你提出四种志向让学生选择时，第一个学生首先选择了"当乡村教师"。我想，如果没有对这一节课的学习，没有被这位乡村老师感动，学生是不会有这种选择的。而且，你开始还说 C 同学是黑马，为什么是黑马呀？难道不是因为他开始积极主动地介入学习吗？

对让学生站起来的举动，我想，因为你是借班上课，不认识这些同学，所以你要让他们站着，平常在自己的班上，你可能不会这样。我觉得，学生的尴尬是由站着带来的，这是一种无所事事的尴尬，"无事生非"，在录像镜头面前，他不好生"非"，所以尴尬。怎样避免这种尴尬呢？我们可以反过来想一想，坐着的学生会不会有这种尴尬？如果让他们听的时候、读的时候，都能有更加明确的任务，会不会好一点？你也可以试一试。

让我们再次用掌声向两位老师表示谢意和敬意，谢谢她们！（掌声）

教研,有一种力量叫唤醒[1]

【前奏】

2005年8月,在一次现场议课活动中,山东沂源实验中学的任念国老师"认识"了四川成都教育学院的陈大伟老师。此后,任念国开始关注陈大伟的博客,两人因为共同关心"如何吃透教材"的话题而"碰面",对话中,任老师拿出了刚刚上过的《安塞腰鼓》,于是,一次独特的"教研"活动开始了。

两个人至今未正式谋面,但这并没有影响他们之间真诚的沟通和交流。对话采用直面问题的策略,话题有主题但无界限。讨论中所涉及的问题及观点于语文教学有一定的借鉴价值。但更有价值的也许是这种研讨方式带来的启示。

第一部分:教学流程简记

学习目标

1. 识记本文出现的重点字词,了解安塞腰鼓。
2. 学习本文通过生动形象的语言描述腰鼓表演的技艺,品味文章的语言。

---

[1] 刊于《人民教育》2006年第22期。

3. 学会欣赏舞蹈表演的艺术，感受舞蹈的美，体会安塞人的内在品质。

教学过程

一、课堂导入

师：源于生活的艺术，表现形式有很多，哪位同学能够说出自己知道的几种？

生：画画、雕塑、武术……

师：我们身边的能列举几个吗？

生：闹元宵、踩高跷、舞狮、秧歌……

师：对，其实还有一种威风锣鼓表演，气势宏大、场面壮观。今天我们学一篇同样为鼓的表演——"安塞腰鼓"的文章，看看安塞人能舞出点什么？

二、理解题目

教师引导学生就文章题目提出问题，对课文有一个初步的整体感知。

三、整体把握课文

1. 解决文章中的生字词。（启发学生体会这样分类的目的）

教师把词分为四类：注音、解释、书写、累积。指出整理、累积词语的方法：什么样的词语需要整理和累积？（不认识的、重要的、有价值的）如何累积？（分类、书写记忆、运用记忆）

2. 文章写了什么？

要求：默读课文，回答下列问题。

（1）文章开始部分，写一群后生神情沉稳而安静地站着，紧接着写他们开始捶、发狠、忘情、没命地捶，这样的动作行为一直持续写到了文章的什么段落？文章最后说：当它戛然而止的时候，世界出奇的寂静。由此可见，文章写了一次黄土高原人表演安塞腰鼓的文艺活动。由此，你认为整篇文章的层次可以如何划分？归纳一下各部分的大意。（教师预设：第一，表演前；第二，表演中；第三，表演后。）

（2）在文章中间的部分，同学们是否发现有一些句子反复出现，在整体理解课文方面能给你什么提示？根据这些提示，试着把这一部分划分一下小的层次，总结一下层意。（教师预设：第一，写安塞腰鼓的舞姿以及给人的联想。第二，写安塞腰鼓巨大的声响给人的感受。第三，写安塞腰鼓给人心灵的搏击。第四，从力量、声响、光彩的变换，艺术的享受写安塞腰鼓的舞姿给人蓬勃的想象力。）对你欣赏舞蹈艺术有什么启示吗？由此初步思考，作者写安塞腰鼓，要表现什么？从哪些语句、段落可以看得出来？试着读一下。

四、重点研读

师：你认为文章哪一句话、哪一段、哪几段写得比较好？好在什么地方？说一说理由，读一读，体会一下；或者有什么疑问、需要讨论的问题，咱们一起讨论一下。

1.文章写表演前的情况，有什么好处？

师提示：没有一个静止的开始，后面的忘情的动，好像就没有参照系一样。这里的"静"，是为后面的"动"蓄势。

分析：人物——茂腾腾的后生；背景——一片高粱地，咝溜溜的南风；性格——朴实；神情——沉稳而安静；腰鼓——呆呆的，似乎从来不曾响过。

2.作者写安塞腰鼓的舞姿有什么特点？是怎样写的？这样写有什么好处？

先用排比写：一捶起来就发狠了，忘情了，没命了；然后用比喻写后生的舞姿像强震击起的石头；然后用排比和比喻的方法写鼓点像骤雨，流苏像旋风，脚步像乱蛙，瞳仁像火花，风姿像斗虎。

这样写的好处：比喻使描写的对象更加生动具体，排比增强了文章的语言气势，很好地写出了安塞腰鼓壮阔、豪放、火烈的特点。

3."容不得束缚，容不得羁绊，容不得闭塞。是挣脱了、冲破了、撞开了的那么一股劲！"怎么理解？

写出了陕北高原人的性格特点：粗犷、豪放、开放。表现：在这样一片贫瘠的土地上"那消化着红豆角角老南瓜的躯体"要"挣脱、冲破、撞开""束缚、羁绊、闭塞"，由"晦暗"追求"明晰"、光明、富裕生活的一种信心和勇气。

4.如何写安塞腰鼓的响声的？

用排比和比喻的修辞方法，写出了安塞腰鼓沉重的响声以及声势的不同凡响。

第一句写响声撞击在山崖上，山崖发出回声；第二句写响声撞击在心里，观众的心里产生共鸣；第三句写响声引起的豪壮的抒情、严峻的思考、犁尖翻起的土浪、阵痛的发生和排解。

5.是从哪几个方面写安塞腰鼓给人丰富的想象力的？（力量、声响、光影的变换）

6.为什么说"当它戛然而止的时候，世界出奇的寂静，以致使人感到对她十分陌生了"，"简直像来到另一个星球"？

这是人对闹声的一种感觉，当闹声突然停止的时候，人会感觉特别的寂静。这里是用静来反衬刚才的闹。

7.如何理解"耳畔是一声渺远的鸡啼"？

鸡啼是天亮的象征，是希望的象征。有这种安塞腰鼓所喷发出来的力量，有这些安塞人的精神，他们一定会创造出一个崭新的世界，这也正是希望之所在。

五、小结

1.文章写了一次安塞腰鼓的表演活动，作者想通过叙写，表达对生命中奔腾的力量的赞美，表达对黄土高原人特有的内在的精神品质的赞美。

2.在文章的写法上，你有什么启发？（按照时间划分来写活动的方法；语言大多使用修辞方法，以增强语言表现力；善于抓住生活中美的东西；写表演活动可以从舞姿、声响、给人的想象、给人心灵的冲击等方面着手。）

3.安塞人内在的东西给你什么启示？（人应该有追求，应该这样痛快地生活和追求着。）

4.阅读这样的文章应该注意的问题：学会调动自己的感觉经验，体会问题背后所蕴含的东西，从而达到理解语言文字的目的。

六、布置作业（选其一）

1. 观看《千手观音》，写一段自己的感受与同学交流。

注意运用刘成章写安塞腰鼓的手法，学习他的语言。（提供网址）

2. 你知道我们家乡独有的民间艺术表演形式吗？

试着搜集、整理、交流一下，学习本课的写法，写一写正月十五闹元宵时秧歌队伍表演的情形。

教学设计说明

1. 学生对于黄土高原的民风民俗不是很了解，我试图通过剖析语言文字背后所蕴含的东西来帮助学生理解和体会，这样，充分调动学生已有经验成为一个关键所在。如何理解文字背后所蕴含的东西也就成了一个重点。而反复阅读则是解决问题的一种很好的方式。

2. 更加深层的考虑是理解黄土高原、理解黄土高原人、理解黄土高原人的文化艺术、理解黄土高原人的精神，即理解《安塞腰鼓》这篇文章深层的主题，才是本文的重心所在。

3. 教学生学会观看、欣赏文化艺术作品，确实是一个很现实的问题。通过学习让学生学会作者描写的方法，学会欣赏舞蹈。

4. 向自己家乡的民风民俗迁移，培养学生热爱家乡、热爱民族文化艺术的思想情感。

课后反思

1. 这一节课，自己设计的内容过于繁重，想法太多，反而一个也没有实现好。

2. 沂蒙山区的孩子，包括我在内，从来没有接触过诸如"安塞腰鼓"这类表演活动，因此，如果在课文结束的时候有一次视频的播放，可能会更加形象，使学生更好地理解和体会。

3. 文章的关键没有抓住。不管文章如何铺排，教师都应抓住关键点，学生可以暂时为语言文字的铺排所吸引甚至迷惑，而教师却绝对不可以。

4.文章处理的思路问题。对文章内涵或者主题的把握理解是建立在学生对文章内容、语言文字的理解之上的，而要完成这一点，需要教师设计的问题与学生的理解思路、习惯、水平相吻合。但自己并没有把学生情况作为依据（借班上公开课），而是按照自己的习惯和思路来设计，导致教师和学生的互动有些脱节。

第二部分：网络议课实录

问题一：教学设计到教学实践：加法还是减法？

陈大伟： 读完你的教学简记，我能清楚地感受到你对教学的理性追求。做事之前要清楚自己想干什么，这虽说是老生常谈，但在实践中我们却常常迷惑和忘记。你对"学生的理解基础""达成理解可能的方式""理解什么东西""学会描写的方法，学会欣赏舞蹈"等方面的认识和分析给人很多启发。这种启发是对认识教材和分析教材的思路的启发，对我的帮助很大。你在反思中提到"一节课，自己设计的内容过于繁重，想法太多，反而一个也没有实现好"。我很同意这样的看法和观点。课堂教学不能"贪大求全"，什么东西都想做，结果什么事情都没有做好。

任念国： 非常同意你的观点。追求大而全向来是教师经常犯的一种错误。但是我自己感觉：老师备课时必须大而全，只是在具体的实施过程中要选择最佳的切入点，以点代面，重点突破，从而更加深入地全面把握。

陈大伟： 我同意备课要深、透、全，但关键是在课堂教学的具体实践中要学会舍得，并充分认识到不可能一节课就吃成胖子，教学中不是为了展示自己对教材理解多么深刻！"想法太多，反而一个也没有实现好。"或许，现在教师要做的，不是怎么去扩充，而是应该想想怎么做减法。

陈大伟： 很多老师在上公开课时带着沉重的包袱，想着得奖，想着得到听课者的好评，却失去了自我和真实。实际上，一节课就是一节课，三维目标需要在经常的教学活动中追求，不是一节课就能实现的。评课时，我们也不能求全责备，不能要求一节课既有自主学习，又有合作学习、探究学习，所有东西都必须出现。

任念国：这一点我深有感触。如果不能把压力很好地转化为动力，战时的状态不能很好地调整的话，这确实是一个授课教师——一个用粉笔作战的战士要打败仗的很重要的原因之一。

陈大伟：这是很难避免的压力。我认为，有更高层次和境界的教师在此时是心中只有学生，只根据学生的需要和现状进行教学。

问题二：单篇教学与主题单元如何有机联系？

陈大伟：我把你的《安塞腰鼓》的教学简记读了两遍，我认为你的把握是对的：以时间为线索，分表演前、表演中、表演后进行，而在表演中，又从声响、动作、想象等方面展开。

以时间为线索是一方面，同时考虑到这是一个艺术欣赏的单元，还可以从舞台艺术的角度具体展开，比如：

表演前：

（人物）"一群茂腾腾的后生。"

（场景）"他们的身后是一片高粱地。""咝溜溜的南风吹动了高粱叶子，也吹动了他们的衣衫。"

（动作神态）"他们的神情沉稳而安静。紧贴在他们身体一侧的腰鼓，呆呆地，似乎从来不曾响过。""他们朴实得就像那片高粱。"

我觉得这是一个电影场景的写法，也是戏剧开幕前的场景，可以让学生充分想象，并在想象中期待那惊心动魄的一捶。

表演中：

鼓点像骤雨（声）；流苏像旋风（物）；脚步像乱蛙（人）；瞳仁像火花（眼）；风姿像斗虎（人的整体感觉）。

任念国：您的建议让我很受启发。从主题单元的角度来考虑这篇课文的教学设计，不失为一种好的方法和策略。因为自己对舞台艺术了解不多，所以没有去涉猎。陈老师所建议的设计，是一个很好的思路，对于学生来说，文化艺术——舞台艺术的涉猎和储备，可能对他一生都有好处。这个思路我会汲取的，谢谢！

陈大伟：在我的听课实践中，我注意到很多老师很难把握一节课的要点，他们仅仅是就事论事，缺乏整体感和前后关联——"只见树木不见森林"，而且也很难找到展开教学的思路。所以我与中小学教师交流时常常谈道："我们要学会欣赏整个画面，而不是仅仅陷入某一个局部。"我注意到你在此处特别强调"谢谢"，我很高兴，哪怕就这一个问题我们达成了共识，都是我们讨论的成就。

问题三：如何认识和处理文章的特色

陈大伟：我以为这是一位舞蹈艺术行家的杰作。学习排比，是这节课的一个要点。通过这里的学习，让学生意识到，排比不是重复，而是从不同角度展开（或者不断深入地迫近，此处是从不同角度展开）。学生要学习观察舞蹈艺术，需要从声、形、动态、眼神、整体感觉等方面入手。

任念国：关于排比，您的观点让我很受启发。学生的理解不够深刻，可能就是缘于教师的考虑肤浅。我自己平时的分析也只是站在考试的角度，让学生体会一下排比的使用有什么具体意义，增强了什么样的语言气势（有什么表达效果而已）。至于从哪些方面来增强语言气势、如何在实际运用中学会写排比，还真的没有深入探索过。我想这也许是自己今后应该注意和努力的方向。

陈大伟：另外，我在此受到的一点启示是，比喻首先应该建立在联想和想象的基础上，学习比喻是学习联想和想象。对于这个看法，是否有道理？不知道你怎么看。

任念国：对于比喻的产生，首先是建立在联想和想象的基础之上的说法，我认为还是很有道理的。比喻的本意是用另外一个大家比较熟知的东西，来陈述自己要说而对方不太容易理解的内容，所以，先有联想，然后才能产生自己认为很贴切的比喻。至于想象，如果在此时有用武之地的话，换成比较好了！

陈大伟：在这里，比较是一种方式，我是从心理活动的角度来考虑的，你说"比喻的本意是用另外一个大家比较熟知的东西，来陈说自己要说而对方不太容易理解的内容"，对我认识比喻有好处。但我在想，有没有把比较熟知的东西想象成更美妙的大家不太熟悉的东西（这之中的心理活动可能是想象)？你能不能想到一个例子？

任念国：非要找一个例子的话，找张晓风的《行道树》好了。

陈大伟：另外，你很注意抓住词、突破词、强调词，我觉得这是很好的。但"短句"也是这节课的一个重点，短句怎样利用，在运用中体会短句的作用，我觉得还需要讨论或者引起重视。

任念国：对！我对于词语、短句、铺排句子组合的整体设计，确实缺乏一个整体的通盘的考虑，致使在语言的教学上缺乏整体性。

陈大伟：在此，我更想向你请教：长句、短句表达的差异是什么？在此课中怎样处理更好？

任念国：可以从几个方面来体会：(1)短句、长句、段落的交错使用、融合，与安塞腰鼓鼓点的急促与舒缓，沉重与轻盈，整齐划一的队伍行动与个体的舒展表现相结合的现场描摹是一致的。(2)甚至可以用长句、短句、段落的重复交错使用来完成对课文的整体梳理和把握。(3)可以放在文章的整体把握阶段，加深对文章内容整体的理解和体会，以求得对这种舞台艺术的深入体会和领悟。(4)在对这种表达方式的仿写和运用中加以体会。

陈大伟：真好。我还体会到，鼓点急促是用短句来表现、来突出的。我在想：关于词的教学是集中好，还是具体到句段赏析时再分散处理好？

任念国：我的体会是分散在具体的语言环境中体会要好一些，让词语成为有家的词语，成为句子中、语言中活生生的词语。实际上，我在词语的设计上是想教给学生一种梳理的方法。但最后，还是少了这一环节。

问题四：生活是源还是文学是源？

陈大伟：如你所说，对"安塞腰鼓"你不熟悉，学生也不熟悉。因此你在"课后反思"中所设想的"一次视频的播放"的意义和价值似乎不能低估。如何用更好呢？我想把它作为引起和展开教学的核心。我设想，可以先播放一段视频，这样安排教学流程：

（1）引导："看了这一段，你最强烈的感受是什么？用几个词刻画一下。"

（2）启发："我们来看一看某作家的感受，他是怎样刻画这种感受的。"

（3）体味：反复咏读，品味字、词、句，体味短句、排比、比喻的用处。

（4）运用："现在我们再看一遍视频，想一想，你对这段舞蹈有了哪些更深刻的印象？"

（5）表达："想一想，面对这段舞蹈，你会写些什么？你将怎样写？"

……

这样的线索会不会简单一些，会不会节约一些时间？

我没有语文教学经验，所以仅仅是一种设想，要请你思考和批评。

任念国：关于语言文字的理解，是先由具体的现实录像般的视觉感受给大家一个印象，还是在学生自己感悟语言文字产生印象之后，再给学生一个具体的例子予以现身说法？我还是希望：先让学生感悟语言文字本身，将视频放在最后。原因很简单：所谓一千个读者就有一千个哈姆雷特。让学生先有自己的哈姆雷特是很重要的，一是任何事情必须先有自己的判断，二是避免被先入为主的感性材料左右，泯灭创造的机会和可能，这更符合语言文字理解的习惯吧！

陈大伟：你的意见很有道理。我也说说我这样考虑的理由，它实际上涉及"生活是源还是文学是源"的问题。我的考虑是："安塞腰鼓"舞蹈艺术是源，这篇作品是流，先有"安塞腰鼓"这种艺术形式或者说艺术活动，然后才有这篇文章，我想的就是先回归本源，而不是首先用文本约束学生的思维。这样的教学进程就是：直观地回归艺术本身，自己先感受、体悟；然后用"文章"作参照，体会文章的特色与创造；再回到艺术，提升自己对艺术的感悟和表达。这样，学生将有更大的创造空间，"一千个哈姆雷特"更容易出现。我个人感受，音乐艺术、形象艺术留给人的创造空间比文学艺术留给人的创造空间更大，所以《周易·系辞上》说："书不尽言，言不尽意。"

当然，这种讨论和实践都可以继续深入。

附：

创造让教师专业主体意识觉醒的文化 ①

余慧娟

近些年来，由于课程改革的缘故，教研方式有了很大的改革。例如校本教研、联片教研、网络教研等。前一段时间，由本刊编发的话题"从听课评课到观课议课"也在读者中引起很大反响。原因是其中所提倡的教师与学者、与教研人员、与教育权威在业务研讨方面"平等对话"的观念深入人心。说到底，是在唤起教研文化的变革。

但是这种渴望很难实现。如果说在教师专业成长道路上，"专业引领"是一个很大的欠缺，那么教研文化的积习则是永远的敌人。君不见，在许多地方，即使建立起了周密的教研网络，这个号称具有实现"民主、平等"对话优势的平台，并没有成为引发这种革命的种子。相反，倒成了教研员坐在办公室里对大家"广播"的工具。学校教研网即使大力发展了自由讨论或评课功能，也由于管理的需要使用实名制，从而使得网络最有意义的功能——破除传统区域教研文化束缚，保护个人专业发言权——丧失殆尽。

教研文化的变革的确会是一个漫长的过程。

它一方面需要居于优势地位的人具有"平等"意识，具有对教师作为专业主体的尊重。陈大伟就在尝试这样一种角色。他试图将他所创立的"观课议课"观念及文化在中国大地进行普及，他到处去讲学，亲自观课，组织教师议课（而不是评课），注意保护教师的自信心和成就感，甚至自己去上课。

陈老师的想法是好的。他所到之处，都受到了教师们的欢迎，的确也为当地带来了新鲜的教研气息。

可是这种影响仍然是不彻底的。

---

① 刊于《人民教育》2006年第22期。

当我读到陈老师一篇又一篇精彩的议课案例，我曾笑着对陈老师说："可惜'陈大伟们'太少了！"这话除了字面意思，还包含另一层意思：有质量的议课依赖于这样一个有专业水平又有现代教研文化意识的"核心人物"，换句话说，缺少这样的"核心人物"，"议课"也只能归于平庸。更为重要的是，"核心人物"在文化层面是一个"外来者"，或者说是"局外人"，正因为如此，教师才会获得文化的新鲜感，以及最重要的自我安全感。

然而即使是这样的场景，也很难将教师们完全从教研的群体压力中解放出来。教师在专业研讨中的"失语"现象是普遍存在的。他们除了被授权"说课"（其实就是说说自己的设计意图）以外，很少有机会在大家的议论中作出解释，更深层地陈述自己的想法。在陈老师组织的活动中，教师有机会说话，却也多半缄默不语。大家已经习惯了默默地"索取""接纳"，或者是漠然地拒之门外。

这是一种可怕的沉沦。

教师是深耕于教育这片土壤中的农夫，是对这片土地最有发言权的主角。一旦失却其专业主体意识，将会是一个多么贫于思考的盲目群体。

可是在"网络议课：《安塞腰鼓》"里，我不仅读到了教师一贯持有的"谦虚"，还读到了一种强烈的愿望表达和专业见解，读到了一种可贵的"坚持"，读到了一份难得的专业自信。

任念国老师对这个过程的描述是：真正意义上的对接。

什么是教师眼里"真正意义上的对接"？我理解，应该是如此彻底而真诚地交换意见，是如此具有实质意义地平等讨论问题。没有这个过程，教师很难有深刻的观念转变，很难最终形成自己独特的专业见解，很难增强自己的思考能力，也就很难有真正的专业成长。教研人员也不可能从教研活动中获得什么乐趣。

其实，陈老师只不过沿袭了他一贯的议课风格。而任老师却在不知不觉中舒展了他思想的触角。

任老师也许并没有意识到，自己的专业主体意识是如何被唤醒，又是为何能如此自由地伸展真实的想法。可是，我相信，若是在一个人数众多的教研场景里，若是陈老师会对他的课构成功利性的评价，任老师也许不会那么

实践案例篇 | 191

"无所顾忌"地争"真理"。

这正是"网络+议课"所创造的文化力量。

教研文化的变革,除了单方面的平等意识,还必须实实在在地创造这样一个唤醒教师专业主体意识的子文化,一个让教师们真正感到安全的心理环境。否则,口头的"平等",口号式的呼吁,表面上的"发言权",都于"教师失语症"无任何益处。教研活动的有效性也就很难提上日程。

总之,"网络议课"提供了一种新的教研思路。这一思路里最有价值的就是文化意义。它使得教研活动得以在很大程度上超越传统模式的束缚,获得构建符合教师专业成长内在需要的文化的现实道路。

倘若更多类似(不局限于网络)的教研文化氛围得以萌生,这将不只是教师的福祉,更会是教育乃至民族的福祉。

让观课议课具有研究性①

"坐别人剩下的那个座位"②

在教学《位置》时,我设计了一个找座位的游戏——每个同学根据抽到的卡片上的数对找自己的位置。为了让学生知道要确定一个人的具体位置,必须清楚他(她)所在的行数和列数,我设计了带有疑惑的三张卡片:(5,＊),(＊,3),(＊,＊)。本想抽到这三张卡片的同学肯定会为找不到座位而苦恼,没想到学生"机智过人",他们竟然轻而易举地都"找"到了,并且美滋滋地坐在那里。我很困惑,于是询问他们。

师:抽到(5,＊)的同学,你能说一说你为什么坐在那个位置吗?

生:第五列的其他位置上都坐有人,就这个位置上没人,所以我就坐在这里了。

师:那抽到(＊,3)的同学呢,你为什么又坐在那里呢?

生:我和他一样,第三行只剩下这一个座位,所以我就坐下了。

师:抽到(＊,＊)的同学呢?

生:原来我也不知道该坐在哪里,可是当其他同学都坐下之后,我发现就剩这一个座位了,于是就坐下了。

【课中反思】原来他们三人都是"挑剩下的座位坐",这很出乎我的意

---

① 刊于《小学数学教师》2015年第12期。
② 此案例由河南省济源市济渎学校吕艳霞老师提供。

料，显然与我的设计初衷完全背道而驰。不过，因为我想在把问题抛给其他同学以后，总有能说出我希望的答案的，所以还没有觉得棘手。

师：同学们，听了刚才这三个同学的解释，你们有什么想说的？

生：我认为他们做得非常好。

生：是啊，这样每个人都能找到自己的位置。

生：我也同意他们三个人这样做，这样谁也不用和谁争，大家都能找到位置。

【课中反思】本想通过其他学生的"口"引出这样的话语："当列数或行数不固定时，位置也不固定。"没想到适得其反。学生"迷途不知返"，这下我意识到问题的严重性了，于是赶紧转变了思路。

师：难道（5，*）就不能坐在第五列的其他位置吗？

生：不能，其他位置都有人坐。

师：如果我让（5，*）先坐呢？

生：那也不能，他把别人的位置坐了，别人就没地方坐了。

师：（急）可（5，*）只能说明是在第五列，并不确定在第几行呀？

生：坐别人剩下的不是正好吗？干吗要抢呢？

【课中反思】是啊，干吗要抢呢？我被问住了，难道我在"逼"着学生"抢"座位吗？怎么会这样？细细分析以上教学环节，我努力寻找原因，是不是因为我给学生留下了"可乘之机"——第五列（或第三行）恰好剩下这么一个位置，而当其他同学都坐好之后，剩下的唯一的空位置正好被（*，*）"利用"，所以才会导致学生"互相谦让""不争不抢"。

细节决定成败，备课容不得半点马虎，这次是一个"教训"，也是一个"经验"。

利用网络，我和吕老师有这样的议课过程：

陈大伟：吕老师，很感谢你拿出了这样一个自己认为不成功的案例来一起讨论，有效的观课议课需要这样"直面问题"。

对这一节课反思，你得到了"细节决定成败，备课容不得半点马虎"的经验，已经很不错了。但我想问你：就这一节课的教学，你觉得什么地方马虎了？问题到底出在什么地方？如果下一次教，该在什么地方改进？

吕艳霞： 这正是我不太清楚的，所以拿出来和您讨论。陈老师，您是怎么看的？

陈大伟： 我觉得你在反思中已经想到了，问题就是"恰好剩下这么一个位置"。你看，抽到（5，*）的同学发现在第五列剩下一个位置，抽到（*，3）的同学发现在第三行剩下一个位置，在他们坐下以后，抽到（*，*）的同学发现只剩下了唯一的一个空位置。当你问学生"如果我让（5，*）先坐呢"的时候，学生因为心中预先已经有了一个固定的位置，所以也觉得不困难。

吕艳霞： 是的，他们的位置已经是唯一的了。

陈大伟： 学习"确定位置"的目的和意义是什么？它的主要思想是什么呢？

吕艳霞： 陈老师，您想说什么？

陈大伟： 我的意思是，在什么情况下需要寻找位置，需要确定位置的方法？

吕艳霞： 您是说，是在不知道位置、位置不能确定的情况下需要确定位置的方法，需要学习确定位置的方法。

陈大伟： 就是这样。确定位置是因为位置很多、不确定。这时，需要学习确定位置的方法，把需要的位置标示出来，找出来。我个人认为，这里有在"多"中确定"一"的思想和方法。

吕艳霞： 我明白了，我的设计实际上给了学生"一"中找"一"的空子。我设想的应该是未知"*"在实际情境中却成了唯一的、确定的。这样，它需要一个确切的数字的探究和讨论已经失去了意义。它就不是"多"中确定"一"，而是"一"中找"一"了。

陈大伟： 课堂上谁都有考虑不周到的地方。就在这个课堂上，就在这个情境中，当问题出现的时候，想一想，有没有改进办法让学生意识到必须知道"*"是一个什么数时，才能找到位置？

吕艳霞： 这我倒没有想过。您是怎么想的呢？

陈大伟： 确定位置不是"多"中找"一"吗？我觉得可以这样：在第五

列几位同学坐下的时候，我不是让抽到（5，＊）的同学去找位置，而是去找人。我对他这样说："第五列坐了五位同学，老师现在要找一位坐在你手中卡片标明的位置上的同学，你帮我找一找。"这时，学生能够找到吗？

吕艳霞：应该不能。

陈大伟：为什么？

吕艳霞：因为在第五列已经坐了五位同学。

陈大伟：这时，就可以问一问学生："要找到这位同学，你还需要什么？"

吕艳霞：对，这里就有了"多"，问题就变成了"多"中找"一"。这时学生就会意识到，要找到老师想找的人，就需要老师提供"＊"是什么数字的信息。

陈大伟：这两者间的区别是什么呢？找座位是"一"中找"一"，变成找人以后，就又成了"多"中找"一"。

吕艳霞：是啊，这样就可以从困境中跳出来了。

陈大伟：你前面的课我不知道。现在我想问，学生一开始看到（5，3）就能找到位置吗？5和3表示什么，学生知道吗？

吕艳霞：这个我说过。前面的数表示列，后面的数表示行。

陈大伟：你的列是从什么地方开始的？行从什么地方开始数？

吕艳霞：这是一个习惯，列从进门口向窗口数，行从前往后数。

陈大伟：这是谁的习惯？有没有数学方面的意义？

吕艳霞：我们大家都习惯这样处理，老师和学生都能够理解，而且教学时间又很紧，我觉得没有必要在这点上花时间。

陈大伟：也许你是对的。我跟你说一说我听另外一位老师上同样内容遇到的问题。老师这样导入："期中以后，我们要召开家长会。因为教室不大，家长来了，你就不能在教室了。为了让家长多了解你在学校的情况，每位家长就坐在自己子女的坐位上。想一想：你回去怎么给家长说清楚你在教室里坐在什么位置，然后让家长能很快找到你的座位？"你怎样看待这个导入？

吕艳霞：这个设计很有生活情趣，而且体现了数学在生活中，在生活中学习有用的数学的思想。

陈大伟： 我同意你的意见。老师的问题提出来以后，第一个学生很清楚地说："我是从前门进来的第1组的第4个。"老师很高兴。但老师只关注了"第1组"和"第4个"并板书，"从前门进来"的意义和价值老师没有意识到。教学进行到后面，麻烦就出来了。在讲（3，2）这一数对时，老师说3是代表横向的数字（方格），2是代表纵向的数字（方格）。学生纠缠："为什么不可以3是代表纵向的数字（方格），2是代表横向的数字（方格）？"老师解释这是规定，学生又问为什么这样规定，为什么不可以改。老师解释了一阵，学生很不满意。你怎么看待这种现象？

吕艳霞： 我也只能说，这是数学规定，是约定俗成的。

陈大伟： 我认为，第一个学生的说法已经包含了用数对确定位置的很多信息，用好了问题也就解决了。"从前门进来"是什么意思？它表示确定位置必须先有起点，也就是必须首先明确从什么地方开始。只有明确了起点，后面的数字才有意义。比如，"我是从前门进来的第1组的第4个"中的"第1组的第4个"是以"从前门进来"为基础的，只有以它为基础才能完成确定位置的沟通。

这里有这样的思想：确定位置需要起点，起点和方向是如何确定的呢？是约定的。只有有了共同理解和遵守的约定，才能沟通和交流确定位置的方法。这样的思想，我觉得在学生的回答中可以找到基础。方法是让学生意识到找座位是家长和孩子间的沟通，需要两者共同约定。而如何用数对确定位置是一种国际约定，因为涉及世界人群的沟通，它就必须相对稳定，共同遵守，就不能随意变化。在确定位置的（3，2）这一数对中，3是代表横向的数字，2是代表纵向的数字，这是一种约定。这样，可能就不会有后面的学生的不满意了。

我个人认为，在这个例子中，一方面可以让学生意识到数学源于生活，数学知识可能是人们用符号和图形处理生活问题的一种约定；另一方面又需要让学生意识到，数学作为一种沟通和交流的工具，必须具有相对稳定性和一致性。不知道你是否同意数学也是一种思维和交际的工具这一观点？

吕艳霞： 陈老师，您说得很好。就这个内容，如果您来教，您会怎么处理？

陈大伟：就整个内容如何教，我没有想过，但就那一位老师遇到的情况，我想过如何处理。我可能会更关注学生的回答，在意识到学生答案的意义后，就可以紧紧围绕学生的答案提出这样的问题组织大家讨论：

（1）为什么要说"从前门进来"？有什么意义？（这实际涉及起点和方向以及约定问题。）

（2）"第1组"是指什么？如果不说出来会出现什么情况？

（3）"第4个"起什么作用，如果不明确又会出现什么问题？

（4）"从前门进来的第1组，从前往后的第4个"可以怎么写？

（5）数对（1，4）的读法和写法与"从前门进来的第1组，从前往后的第4个"的说法和写法相比较，有什么区别？说一说数对（1，4）在表示位置时的意义。（这个环节或许可以使学生在更进一步理解表示位置的数对的意义时，让学生体会简化和符号化的数学思想，体会数学的本质和价值。）

吕艳霞：看来，还真可以这样试一试。

杜威曾经说："一个孩子仅仅把手指伸进火焰，这还不是经验；当这个行动和他遭受到的疼痛联系起来的时候，这才是经验。从此以后，他知道手指伸进火焰意味着烫伤。"也就是说：仅仅有"手伸进火里"的行动和"手被火烫伤"这些尝试和经历，还算不上经验；只有在此基础上建立了行动和行动结果的联系——由此知道"手伸进火里，手会被火烫伤"，并因此指导未来的行动——以后不再把手伸进火里，以避免烫伤——才称得上经验。在杜威那里，经验意味着经历和建立联系。

议课要认识已经发生的教学活动各个环节和要素之间的可能关系。在吕老师的课例中，学生在不了解"*"的情况下找到了（5，*）的位置，这是课堂上的结果。学生认为剩下的位置就是自己的，不必知道"*"代表的数是多少，这是学生思考和行动的学习行为。而教师先让能够确定位置的同学坐下，使得余下的位置实际上已经不具备不确定性，学生不必探究和了解"*"代表的数，这是教师的教学行为。对整个教学活动进行反思，吕老师得到了"细节决定成败，备课容不得半点马虎"和"问题可能在于恰好剩下一个位置，给学生留下了'可乘之机'"的经验。这个经验不能说没有价值，但它还不够具体，也不够深入，对理解和改进这一内容的课堂缺乏更加实用的指导价值。

要帮助授课教师更进一步发现这个课例中有价值的东西，议课就不能简单地就行为讨论行为。议课通过对话，发现了这一节课背后"多"中找"一"的思想，以及实际教学活动中"一"中找"一"的问题。由此思考了在以后教学中"多"中找"一"的设计和教学思路。同时在讨论数学符号的约定俗成性时，认识了数学符号来源于生活、来源于协商，约定俗成的数学符号和规则具有沟通和交际的工具性，需要相对固定，需要大家共同遵守。通过议课，参与者对这一课教学的理解达到一个新的水平，并产生了"试一试"的愿望。

这样的议课过程，是帮助教师建立"教育假设""教学设计""课堂上教师教的行为""学生学的行为""学生学的效果"的联系，认识其间关系的过程。它以教学行为为抓手，以追求有效教学为目标，在反思原有教学设计和教育观念的合理性，促进教学经验的积累，改进教学方法的过程中，使参与者逐步形成总结经验、不断反思的习惯。

痕迹在身后，风景在前方，我在路上（代后记）

一

我 1982 年中师毕业后被分到四川省中江龙台中学工作。中师学历和才开始工作的资历使我在这样的学校工作有很大的压力，要赢得同事和学生的信任，除了努力工作，还有一个任务就是好好学习。学习的主要方式是观察周围同事如何工作，并向周围的同事请教。

很晚才知道德国哲学家海德格尔的主张"面死而生"，但我大概是比较早地意识到要"面退休而工作"的了。大致是 1984 年春，我当时是团委副书记，要列席学校行政会，会议有一个议题是要决定"学校工会活动积极分子"，正在讨论，一位老师推门进来，说希望给他机会，并详细列举着一年的事迹。这时，一位副校长打断他："你为什么今年来争取？"这位老师说："我今年冬天就要退休了，工作了几十年，我连一张奖状都没有拿到过，我希望自己退休时能有一张奖状。"在同情和理解这位老师的同时，也让自己有了前车之鉴：不能在退休之前还没有得过一张奖状。2007 年，自己有机缘上朱自清的《匆匆》，可能因为有这一次的观察和思考作根基，我突然意识到"痕迹"才是理解这篇文字的突破口："八千多日子已经从我手中溜去；像针尖上一滴水滴在大海里，我的日子滴在时间的流里，没有声音，也没有影子。"因为没有痕迹，我们就会惶恐、紧张和失落，就会"不禁头涔涔而泪潸潸"；但留住时间、留住生命的想法是不现实的，因为当我"伸出手遮挽时，他又从遮挽着的手边过去"。留不住时间，也留不住生命，怎么办？留下痕迹！我不能"赤裸裸来到这世界，转眼间也将赤裸裸的回去"，不能"白白走这一遭"。这样的教学教育了自己：来这世界上，应该留下一些"痕迹"。

因为学历低，再加上读中师的时候又没有具体的专业，所以第一年没有资格上课。一年后，一位德高望重的地理教师因病去世，原来教初中的地理教师调整到高中，递补我教初中地理，教的是初86级。在中师的时候，教我们地理的叶逢治老师很棒，教学内容烂熟于心，板书极为漂亮，是我极为佩服的一位老师。因为喜欢叶老师，地理是我比较喜欢，也算学得比较好的一门课程，在知识上压力不算太大，在方法上模仿叶老师的地方较多。工作三年，在成长的道路上磕磕碰碰，第一个教师节，我获得了"龙台区优秀教师"的奖状，这一年考上德阳教育学院，开始离职两年学习地理教育。

二

有了地理教育专业的专科毕业文凭，回到学校就可以教高中了，碰巧教的是大多初86级考上来准备读文科的同学，我同时还给他们当班主任。教了两年，在当时从应试的角度看，算成绩突出：班上有五个考上本科，五个考上专科；我教的地理学科超过县城中学，名列全县第一。这班同学和我结缘很深，现在还时不时和他们相聚。

在他们毕业20年的师生聚会时，一帮同学先后来敬酒，喝酒之时，我突然想了这样的问题：我是否配得上他们的尊重？在和他们接触的过程中，我为他们做过什么？可不能因为我守着一群基础较好的学生，碰巧有了这样的成绩就能享受他们的敬重和热爱。这样思考问题，是因为自己当时刚论证了一个命题："学校的产品是课程。"其中的基本观点是：学校和教师通过提供课程让学生发展和进步；教师的骄傲应该源于在课程开发中付出的努力，以及提供了高质量、对学生成长有帮助的课程。

因为教育的产品是课程，所以，教师不能贪学生成才的天功为已有。尽管这班同学们相聚时也说："这个班是现在幸福指数高的班。"但我知道，幸福主要依靠他们自己不断地努力。反省班级管理，当时终究关注成绩好的同学多一些，对升学无望的同学关心少了一些，使一些同学失去了应有的发展机会。有时也不免想：如果今天再当班主任应该是另外一种景象，可能会有一些更好的结果。这样想本身意味着心有内疚和遗憾。

应该说自己是不适合学习地理的，因为空间感觉能力太差。在接触加德纳多元智能理论时，我曾经评估自己的智能短板，有过这样的结论："形象丑陋（这和多元智能无关，为凑够四句而添），动作难看，五音不全，画虎不成反类犬。"说自己"画虎不成反类犬"就是说自己空间感、方位感差。但地理也没有白学，它给自己带来的好处是培养了关联性、整体性的思维方式与习惯。将关联性思维运用于教学，我用数学证明的方式教过正午太阳高度角的计算，用漏斗、橡胶管等化学实验器具演示过地下水的隔水层、透水层和澳大利亚的自流井成因，运用分步信息输入的方式教锋面雨的概念和日本的工业特点……现在，对当时的地理教学，还可以稍感安慰。

就教师专业成长、教育科研的起步和条件，我对今天的老师很是羡慕：那时没有谁有意识地指导你、帮助你，你不知道该读什么书，也没有那么多的专业书籍供你阅读，更没有谁来指导你如何研究问题。我那时的研究是自发的，走的路子也是把其他学科的方法移植到自己的地理教学中：《正午太阳高度角的计算方法》刊发在《中学地理教学参考》上，这是我发表的第一篇论文；我的设计图"地球运动演示仪"获得了国家"实用新型发明专利"。

那时读书，除了学科的杂志，主要是小说，学校里缺乏专业图书。1992年，我考上四川教育学院"学校教育专业"开始函授学习，开始意识到教育理论和教育研究的重要。这年10月我被任命为副校长，做的第一件事就是包一辆客车，把愿意买书的老师拉到成都，让大家去逛第五届全国书市。第一次见到这么多的书，我掏光了自己羞涩的口袋，买了一些诸如《开创复杂性的新学科》等对自己有挑战性的书，这些书对自己有很大的启蒙作用，也对改进自己的思维方式有很大帮助。

现在给大学生上课，我常对同学们说："要学会学习，今后如果你在一个酒店当门卫，你不仅要学会做门卫工作，还可以观察大厅里的领班，观察来往的经理、老总，观察和学习他们如何待人接物，学习他们的工作方式。这样工作几年，你就可以在门卫这个岗位上学会几个工作岗位上的工作。"这样对学生说，大致也基于自己过去的经验。在龙台中学，我一边教着地理，一边负责学校德育工作，这就需要参加行政会。参加行政会时，我有机会观察其他同事如何思考和解决问题，设想这些问题"如果我来处理，我怎么办"。1992年10月，中江县教育局杨局长到校任命我为副校长，我当时在参加函授学习，回到学校，校长说杨局长无意中说过一句"不知道陈大伟有没有兴趣到仓山中学当校长"，这句话引发了我关注四川省中江仓山中学的兴趣。仓山中学是一所办学历史较长、曾经有过辉煌历史的完全中学，曾被称为中江县的"二中校"，但当时已经走了较长时间的下坡路，领导之间不团结，干群关系紧张、人心涣散，校园里鸡鸭成群，教师及其家属在校园里摆摊设点；社会评价低，在全市的完全中学评估中，该校成了需要整改、等待重查的学校。因为提升难度大，有资历者都避而远之，这给了我一个机会。一方面，我觉得自己已有参加行政会观察和学习学校管理的基础；另一方面，参与"学校教育"函授学习，我觉得学到了一些东西就很想实践运用一番。在副校长任上观察、等待三周后，我主动向教育局请缨："我可以到仓山中学担任校长。"这样，仅担任副校长一个多月，我就被任命为仓山中学校长。

这是在自己工作经历中一次极为主动的选择，这次主动选择奠定了我以后的发展基础，也使自己体会到认识自己、行使选择权利的意义和价值。后来，我主动选择过辞去仓山中学校长、辞去教师进修学校校长、辞去教育学院科研处处长职务，主动的取舍让自己的生命有了更丰富的色彩，留下了更斑斓的生命足迹。

三

从当老师到当校长，可以说是从教学生到教教师的转变。引导教师首先需要言之有理、言之有据（后来专门作教师培训，还意识到要言之有情），从这个时候开始，我开始似懂非懂地阅读《教育研究》等高端理论刊物和书籍，并用自己理解了的先进理论引导实践。引导教师还需要榜样，"说一千道一万，不如自己带头干"，要求教师做的我首先做，比如，针对缺乏教研氛围的学校现状，每学期第二周第一天，我会在学校公示以下信息："陈大伟某天在某班上公开课，欢迎大家观摩。"……大家齐心协力，学校风气和面貌有了改变，德阳市教育局复查，带队的基教处领导说："仓山中学发生了奇迹般的变化。"中江县把我作为特级教师候选人上报。

从仓山中学辞职，我应聘到了四川省绵阳市实验中学。校长祝启程极富远见，1994年就开始设置教科室，我担任教科室主任，主要任务就是组织教师培训、管理教育科研。可以说是半专职的教师教育工作者，这期间我们组织了教师的基本功比赛和不同层次的教师培训，科研工作也有声有色，我执笔编写的《绵阳市实验中学教师培训纲要》在全区转发，相关论文也在《中小学教师培训》上刊登。这引起了爱才的绵阳市涪城区教师进修学校张仁诚校长的关注，在他的举荐下，1997年11月，我被任命为该校副校长。半年后，他主动退居二线，让我主持工作，这为我担任校长、实现自己的教师教育理想创造了条件。从此，我开始了专职的教师教育工作（先是职后，现在是职前职后都做）。

相比较而言，我更喜爱教师教育工作：一方面有墨子的诘问"籍设而天下不知耕，教人耕与不教人耕而独耕者，其功孰多"作依据；另一方面教师培训（特别是职后教师教育）有更多的互动，需要有对实践更多的敏感和判断，这富有智力挑战性，我以为自己内心是渴望一定挑战的；第三是参与对象会给你及时的反馈，他们喜欢就喜欢，不喜欢就不喜欢，目前我还能从他们的反应和反馈中收获成就感。四川省教育厅的周雪峰老师和我亦师亦友，他曾说看到这样的提示："就工作而言，人生有两种幸福状态，一是做爱的事，二是爱做的事。"如果过去的工作有因为爱做而带来的幸福，现在则多了在做自己很喜欢做的事情的幸福。曾经一些朋友问我的近况，我的回答是："在幸福中。"这样的幸福是很多师友和领导关心的结果，我对他们心怀感激。

四

一个人做一件事，总会有一些信念在背后支撑。就我来说，做教师教育有这样两个基本信念：首先，我坚信教师是愿意学习的，是想学习的。这样，在遇到教师不认真、不积极的现象时，我不会抱怨，而是千方百计地改变自己。其次，今天中小学教师面临繁重的教育教学压力，他们有很多的事情要做，不能设想教师会用全部的精力来谋求自身的发展，这样，面向教师专业发展的活动也需要自我节制，需要在研究和变革中提升质量。不是所有的培训都能成为福利，我们要把培训做成高质量的，做成给教师提供的福利。

我理解教师教育就是对教师专业成长的服务，服务行业的核心要求就是要以人为本。教师教育以人为本，首先是以教师的幸福生活为关注对象，要把"人"落实在眼前具体的教师身上，人的"本"就是人的幸福。幸福既是教师专业发展的目标，也是教师专业发展的动力。我在2004年开始关注教师幸福，先后两次修订出版《创造幸福的教师生活》，并在所有讲座中渗透对教师幸福生活的关怀。其次是要把握人性、理解人性。人是复杂的，人是自为的，人是独特的，人是历史的，理解意味着接纳，理解意味着尊重，理解和尊重不仅意味着"己所不欲，勿施于人"，而且意味着"己所欲亦勿强加于人"，要让他成为他自己，让他自己改变自己。第三是采取人文的方法。人文方法尊重人的主体性，并采用以"文"化之的方法。我以为，教师教育工作的根本出路在于促进教师思想，使教师都能自觉而主动地关注自己的处境、现状、角色、使命和前途，主动寻找更加幸福快乐的自我人生道路，更加积极地为光明而美好的学生前途承担责任。

五

学问学问，有学有问。就自己的学，自己常常感到惭愧：书读得太少，积淀不够。就自己的问，自己还算略有心得和创造，自己问的习惯和勇气得益于一位老师的影响。1978年9月，读高二的我在学校公告栏看到贴着几张大白纸，廖声堂老师对1978年的高考数学作出了解答。尽管并不全懂，但我还是发现有一个地方有笔误，一个应该是"±2"的答案写成了"2"。怎么办呢？廖老师没有教过我们，而且又是师生公认的数学权威……想过一阵，初生牛犊不怕虎，我给廖老师说了自己的发现。廖老师查看过以后，把"2"改成了"±2"。高中学习阶段，廖老师一直没有教我，但他从此以后开始关心我，见面总要问问，并说学习上有困难可以找他。廖老师后来调入中师，我也考进了中师，他仍然没有教我，但我在学校的言行举止他都在关心提醒；这种关心还延续到毕业以后，比如关心我的毕业分配……我感恩廖老师对我生活的关心帮助，但更感恩廖老师对我质疑的鼓励。廖老师让我知道，有根据地质疑和批评不仅不会吃亏，而且可能得到更真诚的关心和帮助。这使我更愿意坚持质疑和批评，同时也理解与接受别人的质疑和批评。如果我在质疑的勇气上有所坚持和保留，并由此取得了一点成绩的话，我首先要感谢廖老师对我的关心和鼓励。

2003年，教育部师范司一位负责培训的领导说："教师教育需要你这样的'桥梁专家'。"这是对自己教师教育探索、实践的认可和鼓励，也是对自己未来方向的指引。怎么定位自己的"桥梁"呢？我主要从两个方面着手：一是理论和实践的桥梁，二是现实和理想的桥梁。

2006年，我辞去成都教育学院科研处处长一职，其中一个重要原因是听到了周雪峰老师的一句话："陈大伟的武功在课堂上，离开课堂等于废去他的武功。"辞职以后，有很多朋友说："这一下，你就有时间去做学问了。"我说："我辞职不是为了做学问，我缺乏学养的根底，是做不了学问的。我只是希望自己有更多的时间到中小学去。"在教育实践现场，我向中小学教师学习，了解他们的梦想和希冀，体会他们的困难和要求，一起讨论问题解决的方法和措施，我们同上一节课，然后"让我们共同漫游，向那'产生于上帝笑声回音的，没有人拥有真理而每个人都有权利要求被理解的迷人的想象的王国'前行"。可以说是实践滋养了我，中小学教师帮助了我。进入实践让我不断发现问题，跟进研究和解决实践中的问题，我研究教师幸福生活、校本研修、教师的教育科研与专业成长、教师职业道德修养的有效途径和方法、观课议课、理想课堂建设……将研究成果回馈于实践、运用于实践，在实践中检验、发展自己的认识和改革方案，中小学和中小学教师的接纳、欢迎又使我具有更大的实践研究热情。可以说，"实践之树常青"，生活在实践中，你就有了源泉，也就有了力量。对实践的研究也滋养了我的职前教师培养，2012年，我被学生推选为成都大学首届"最受学生欢迎教师"。

就理想和现实生活的桥梁，曾经也有朋友说是我在搭建通向教师幸福生活的桥梁，这是极为知己的说法。我以为，学习和成长是人的生存方式，也是获得幸福、享受幸福的基本途径，教师教育不仅仅是教师为了适应工作和工作变化需要的一种外在的强制和约束，而是一种提升人的本质力量，促进人的发展、实现幸福生活的生存方式，教师教育关涉教师幸福。从目的上讲，教师教育要为了教师幸福，要有利于提升教师理解幸福、感受幸福、创造幸福的能力，促进教师追求和实现自己的幸福生活；在实践上，教师教育要有利于教师体验幸福，要有利于满足参与教师对"真、善、美"的追求。

六

我很想借用阿基米德"给我一个支点，我能撬动地球"的思路来审视、梳理当下的工作和未来的心愿。（如下示意图）

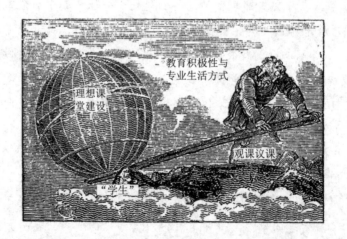

要撬动的"地球"是什么呢？那就是我们每一个教师心目中的理想课堂。在我心中，理想课堂是有助于学生健康快乐成长、有助于实现学生幸福生活的课堂；理想课堂是实现教师生命完善和创造、让教师幸福生活的课堂；理想课堂是能为学生创造未来幸福生活的课堂；理想课堂也是有合适教学效率的课堂。

谁来撬动？当然是教师，改变课堂教学只能依靠教师，改善教学需要改变教师。作为教师教育工作者，我们需要引发教师撬动"地球"的积极性，需要通过引导教师改变专业生活方式，不断更新和提升专业能力以获得撬动"地球"的力量。

工具是什么？观课议课是一个可以选择的工具。作为参与者以课堂教学活动为依据，围绕共同关心的问题和有价值的课堂现象进行对话交流，以发现和理解教学、改善和创新课堂，并促进教师专业成长的一种研修活动，观课议课对改善教学、提升教师已经表现出了实践意义和价值。

支点呢？是对"学生"的认识和理解。什么是学生？狭义的学生是在学校里，在成人、同伴帮助和影响下，学习生存的本领，获得生活的智慧，体验生命的意义、价值和尊严的人。教生存的本领、生活的智慧，引导学生体验和实现生命的意义，我以为这就是教育最为根本的使命和责任，是教育实践活动的一个重要支点。

痕迹在身后，风景在前方，我在路上。